물고기 던져주기
- 창업벤처 40년 톺아보기 -

김 동 열

아무리 좋은 목표라고 해도
나쁜 수단에 의해 왜곡될 수 있다.
-밀턴 프리드만-

서 문

'물고기 던져주기'는 우리 정부와 시장의 관계를 상징한다. 창업과 벤처에 포커스를 맞추고 있지만, 그 분야에 국한되지 않는다. 1인당 국민소득이 3만 3천 달러를 넘어선 한국경제호를 아직도 정부가 리드한다고 생각하면 오산이다. 우리는 1980년대가 아닌 2020년대를 살고 있다. 시장이 나라경제를 실질적으로 이끈지 오래다. 그럼에도 불구하고, 잡은 물고기를 던져주는 식으로 정책을 설계하고 집행하는 경우가 아직 많다. 정부의 의대 정원 증원 발표도 마찬가지다. 40여 년 3,000명 내외를 유지하고 있는 의대 입학정원을 1년 만에 1,500명 더 늘리겠다고 하니 의사들과 의대생 모두 크게 반발하고 있다. 정책학 교과서를 인용하지 않더라도, 정부가 권위적인 수단으로 밀어붙이는 비점증적 정책변동은 혼란과 부작용을 초래할 수밖에 없다. 경쟁친화적이라고 하는 창업벤처 정책에도 물고기 던져주기 방식이 흔함을 알게 될 것이다.

밀턴 프리드만이 얘기했듯이, 아무리 좋은 목표를 가진 정책도 나쁜 수단에 의해 왜곡될 수 있다. 취지와 목표는 좋았지만 성과는 지지부진한 정책들을 많이 봐왔다. 급격한 산업화와 도시화로 인해 공장이 도시에 집중되고 도농 격차가 벌어짐에 따라 추진된 '새마을 공장'(1972년), '농공단지 조성'(1984년) 정책이 그랬다. 1979년 시작된 '중소기업 고유업종' 정책 역시 마찬가지다. 중소기업은 물론 경제 전반의 경쟁력 제고에 도움이 안 된다는 평가에 따라 2006년 폐지했지만, 글로벌 금융위기 이후 양극화 심화를 핑계로 2011년 '중소기업 적합업종'이란 이름으로 되살아났다.

반면, 1996년 이동통신 2사를 5사로 확 늘린 경쟁 활성화 정책은 우리나라가 휴대폰, 반도체, 모바일 분야의 일류국가로 도약하는 데 일조했다. 이동통신 시장이 1사 → 2사 → 5사 → 4사 → 3사로 변화했다. 정책도 생물처럼 진화한다는 걸 보여주는 좋은 사례다.

여러 정책 가운데 가장 경쟁 친화적이어야 할 창업벤처 정책이 "활력있는 다수"(Vital Majority)의 육성이라는 목표에 미달하는 이유가 무엇인지, 정책의 목표나 취지는 좋지만 디테일이 잘못된 것은 아닌지, 이런 문제의식 하에서 1982년부터 2022

년까지 40년에 걸친 우리나라 창업벤처 정책의 흐름을 정책수단이라는 렌즈를 통해 들여다보고 있다.

이 책은 모두 일곱 개의 장으로 구성되어 있다. 제1장은 들어가기다. 창업벤처 정책이 왜 중요한지, 왜 정책수단의 관점을 강조하는지, 창업벤처 정책의 인프라는 어느 수준인지 정리했다. 제2장은 타겟팅의 관점에서 창업벤처 정책의 흐름을 살펴봤다. 타겟팅과 생태계의 진화에 토대를 두고 전두환 정부부터 문재인 정부까지 40년의 흐름을 기록했다. 제3장은 문제정의와 프레임이 어떻게 달라졌는지, 그에 따라 창업벤처 정책의 수단은 어떻게 변화했는지 조망해보았다. 제4장은 정책 디자인의 관점에서 창업벤처 관련 정책수단의 유형과 그 변화 추이를 보여주고 있다. 정책 설계(design)가 '잡은 물고기 던져주기' 식이라는 결론에 도달했다. 제5장은 정책수단의 선택에 영향을 미치는 요인들을 꼽아봤다. 예를 들어, 이해관계, 이념, 제도, 정책선도자(Policy Entrepreneur) 등이다. 제6장은 성공 사례 몇 가지를 소개하고 있다. '시장 먼저, 정부 나중'의 창업지원 프로그램, 진입장벽 완화 정책, 경쟁 활성화 정책 등을 소개하고 있다. 제7장은 마무리다. 요컨대, 정부가 직접 개입하고 규제하고 권위를 앞세워서는 '활력있는 다수'를 만들어 내기 어렵다, 울창한 숲이라야 우람한 금강송이 자란다는 점을 강조하면서 마무리했다.

이 책은 필자의 논문('정책수단의 선택과 변화: 창업벤처 40년 정책과 법률안 변천을 중심으로') 일부를 발췌하여 폭넓게 일반 독자들이 읽을 수 있도록 다시 편집한 것이다. 제5장의 '정책선도자'(Policy Entrepreneur), 제6장, 제7장은 이 책을 만들면서 새로 추가했다. 일반 독자라면 4장과 5장을 듬성듬성 읽고 6장으로 넘어가도 맥락을 이해할 수 있다. 정책 관계자나 연구자라면 4장과 5장을 꼭 읽어보기 바란다.

끝으로, 이 책이 나올 수 있도록 격려해주신 서울대 행정대학원의 정광호 교수님, 금현섭 교수님, 권일웅 교수님, 경기대 경제학부의 한상범 교수님, 중앙대 공공인재학부의 한승훈 교수님께 다시 한번 감사드린다. 2024년 여름, 기록적인 무더위 속에서도 표지와 내지 등 책 안팎을 멋지게 꾸며주신 반도기획의 우공식 대표님을 비롯한 관계자 여러분께도 진심으로 감사드린다.

물고기 던져주기

차 례

서문 ··· 3

제1장. 들어가기 ··· 9
- 성장 아니면 퇴출 ··· 10
- 정책 아니고 정책수단 ·· 14
- 창업 인프라는 최고지만 ······································· 17

제2장. 타겟팅: 양에서 질로, 생태계로 ····················· 21
- 중소기업 숫자를 늘려라 ······································· 26
- 양보다 질이야 ·· 30
- 벤처는 21세기의 꽃이다 ······································· 33
- 정책을 혁신하라 ··· 37
- 전봇대를 뽑아라 ··· 40
- 생태계를 조성하라 ··· 42
- 창업국가를 만들자 ··· 44

제3장. 프레임: 문제가 뭔데? ··································· 49
- 수출·대기업 중심의 압축성장 ······························ 54
- 중소기업의 자생력 부족 ······································· 60
- 벤처투자의 부족 ··· 65
- 정부 의존도를 높이는 정책 ································· 69
- 기업 발목을 잡는 규제 ·· 74
- 기울어진 운동장 ··· 79
- 공급자 중심의 생태계 ·· 83

제4장. 디자인: '물고기 던져주기'는 그만 ········ 89
> 직접형과 권위형 중심으로 출발 ············· 96
> 규제완화형 중심으로 진화 ·················· 98
> 직접형과 권위형 중심으로 복귀 ············· 100
> 간접형과 역량형성형 늘리기 ················ 102
> 규제완화형과 재정지출형 늘리기 ············ 105
> 다시 직접형과 권위형 중심으로 ············· 107
> 다시 간접형과 역량형성형 늘리기 ············ 109
> 잡은 물고기 던져주기 ······················ 110

제5장. 거리두기 ·································· 119
> 정책선도자, 누구? ························· 121
> 너무 가까워진 정부기관-이익집단 ··········· 126
> 정부를 키우는 신자유주의 ·················· 129
> 의원입법의 양은 급증했지만 ················ 132
> 정부-시장-시민단체의 삼각구도 ············ 137

제6장. 거꾸로 생각하기 ························· 139
> 시장 먼저, 정부 나중 ······················ 140
> 경쟁해야 경쟁력이 생긴다 ·················· 142

제7장. 나가기 ·································· 147
> 울창한 숲에 금강송이 자란다 ··············· 148

물고기 던져주기

제1장. 들어가기

1. 성장 아니면 퇴출
2. 정책 아니고 정책수단
3. 창업 인프라는 최고지만

제1장. 들어가기

▶ 성장 아니면 퇴출

"Up or Out". 성장 아니면 퇴출, 시장에서의 치열한 경쟁의 법칙이다. 창업한 지 얼마 안 된 스타트업(Start-up)들이 매일 직면하는 현장의 뜨거운 열기를 드러낸다. 치열한 경쟁을 뚫고 살아남은 기업들이 바로 네이버, 넥슨, 카카오 등이다. 현대, 삼성, LG 등도 해방(1945년) 전후에는 스타트업이었다. 'Up-or-Out'(성장 아니면 퇴출) 게임에서 살아남기 위해 스타트업은 새로운 기술을 개발하고, 특허를 출원하고, 혁신과 창조적 파괴를 거듭한다. 시장 점유율을 늘리고, 매출과 수익을 끌어올리고, 일자리를 만들어 낸다.

경제성장률 2% 안팎의 저성장 시대를 살아가고 있는 **우리뿐**

만 아니라 서구 선진국들이 스타트업을 지원하고 창업정책을 강조하는 이유다. 미국, 영국, 이스라엘은 물론 보수적인 일본조차도 창업정책의 우선순위를 끌어올리고 있다. 예를 들어, 미국 중소기업청(SBA)은 자생력을 갖추고 역동적이며 혁신적인 기업[1], 경제에 활력을 불어넣는 다수(Vital Majority)의 육성을 목표로 한다. 영국의 소기업들은 혁신과 경쟁을 창출하는 모판(seedbed)으로서 경제의 기초와 하부구조를 튼튼히 해주는 역할을 요청받고 있다[2]. 말년에 케임브리지대학에서 케인즈를 지도하기도 했던 마샬(A. Marshall)은 〈경제학 원리〉에서 신생의 작은 기업을 활력이 넘치는 '숲속의 어린 나무'에 비유하기도 했다.

요컨대, 창업은 경제에 활력을 불어넣음과 동시에 고용 창출을 통해 사회적 안정성을 높인다. 기술개발 투자, 생산성 향상을 통해 경제성장에 긍정적 효과를 초래함은 물론 일자리 창출, 시장경쟁 활성화, 혁신 촉진, 소비자 효용 증대 등의 다양한 긍정적 효과를 초래[3]한다. 지난 30년간 미국의 순고용 증가율을 분석한 결과 기존기업보다 **창업기업이 고용 창출에 훨씬 기여도가 높으며**[4], **창업기업이 미국 신규 고용 창출의 대부분을 차지**[5]한다.

흔히 국가별 경제성장 단계를 세 단계로 나누어 설명하는데, 토지, 자본, 노동 등 생산요소가 발전의 동인으로 작용하는 '요소주도형' 경제(1단계), 규모의 경제 등 효율성 제고가 발전을 주도하는 '효율주도형' 경제(2단계), 창의적이고 혁신적인 창업활동이 발전의 동인으로 작용하는 '혁신주도형' 경제(3단계)다. 우리나라는 '혁신주도형' 경제에 속해있다[6]. 선진국 진입의 문턱에서 미증유의 저성장을 경험하고 있는 한국경제의 활력 제고를 위해 **창의적이고 혁신적인 창업활동이 어느 때보다 중요**하다.

우리나라에서 '창업'이란 단어가 공식 문서에 처음 등장한 건 1982년이다. '창업조성지원계획'의 수립을 규정한 중소기업진흥법 개정안이 1982년 겨울 국회를 통과했다. 위 법 조항에 근거하여, 최초의 창업지원 프로그램이었던 '창업조성지원사업'이 1984년 초에 선을 보였다. 1986년에 최초의 창업지원법률인 '중소기업창업지원법'이 제정되었다. 지금의 창업 여건이 1980년대에 비해 크게 개선되었다[7]는 점에 이의를 제기할 사람은 없을 것이다. 하지만 서구 선진국과 비교하면 얘기가 달라진다. 2020년 기준 한국의 창업 5년 후 생존율은 33.8%로서, 미국의 50.2%, 프랑스의 50.8%, OECD 평균 45.4%에 비해 크게 낮다[8]. 기회형 창업과 생계형 창업의 비중을 보면 우리나라는 각각 21%:63%로서 OECD 평균 52%:26%와 대비된다. 생계를 위해 마지못해 창업하는 생계형 창업의 비중이 매우 높은 열악한 구조다[9].

창업의 양적·질적 지표와 더불어 중요한 지표가 창업생태계의 지속가능성이다. 창업생태계란 창업자, 지원기관, 투자자 등이 유기적으로 상호 작용하면서 창업이 활성화되는 환경[10]으로서, 창업기업을 중심으로 투자자와 정부가 상호작용하는 관계라고 할 수 있다. 우리의 창업생태계는 창업자나 투자자 주도의 생태계라기보다는 정부와 공공기관, 정책자금이 주도하는 공급자 중심의 생태계[11]에 머물러 있다는 평가가 많다. 공급자 중심의 비효율적 지원체계와 과도한 지원이 '좀비 벤처'를 양산한다[12]는 지적도 존재한다.

가장 경쟁적이어야 할 창업벤처정책이 '활력있는 다수'라는 정책목표 가운데 '다수'는 달성했어도 '활력'에는 못 미치는 이유는 무엇인지. 저성장 시대에 직면한 현재 우리 정부의 정책수단이 잡은 물고기를 던져주는 식의 오래된 틀(frame)에 머물러 있는 건 아닌지. 정책수단이라는 '디테일'에 문제가 있는 건 아닌지. 이런 물음표들이 꼬리에 꼬리를 물고 이어진다. 그 물음표에 대한 답을 찾아보려고 한다.

◎ 정책 아니고 정책수단

 정책은 공익을 위해 정부가 천명한 기본 방침으로서, 선수들이 지켜야 할 게임의 규칙 같은 것이다. 따라서, "단기간 내에 정책 변동이 급속하게 일어나는 것은 바람직하지 않다[13]." 사회적 낭비와 혼란을 초래할 수 있기 때문이다. 3,058명의 의대 정원을 당장 내년부터 1,500명 더 늘리겠다는 정부 발표가 그렇다. 이처럼 의도했든 아니든 정책은 정책소비자에게 영향을 미친다. 의료개혁이라는 명분은 좋지만, 그 수단과 집행 등 세부 내용에까지 국민들이 관심을 기울여야 하는 이유다.

 도심의 교통난 해소를 명목으로 유류세를 대폭 올렸다면, 차를 모는 시민들의 부담은 크게 증가할 것이다. 반면, 대중교통을 이용하는 시민들은 영향이 크지 않을 것이다. 여기서 정책목표는 도심의 차량정체와 교통난 해소이고, 정책수단은 유류세 인상이다. 대체 가능한 정책수단으로는 도로 확장, 홀짝제 운행, 도심 통행료와 주차료 인상 등이 있다. 정책목표 달성을 위해 활용 가능한 여러 정책수단들 가운데 다양한 측면을 고려하여 최적의 수단을 선택하려고 노력한다. 예를 들면, 시민들의 불만을 최소화하고, 비용을 적게 들이면서, 목표를 최대한 달성할 수 있는 정책수단을 선택한다. 높은 유류세에 대한 거부감이 큰 상태라면 다른 수단을 대안으로 검토했을 것이다.

앞에서 예로 든 것처럼 정책을 구성하는 정책수단의 설계와 선택에 세심한 주의를 기울여야 한다. 정책수단의 설계에 따라 정책목표의 달성 여부와 달성 정도가 달라지며, 정책의 성패가 좌우되기도 하기 때문이다. 나아가, **"정책이란 정책수단을 통해 만들어지고 목표를 추구"**[14]하며, **아무리 좋은 목표라고 해도 나쁜 수단에 의해 왜곡될 수 있기**[15] 때문이다.

따라서, 과거처럼 정부가 직접 개입하고, 보호 위주의 정책을 펼치고, 잡은 물고기를 던져주는 방식으로 정책수단을 설계하고 집행해서는 '활력있는 다수'의 육성이라는 창업정책의 목표를 달성하기 어려울 것이다. 모방과 추격 전략이 더는 유효하지 않은 지금이야말로 스타트업의 자생력과 글로벌 경쟁력을 키우는 데 도움이 되는 정책수단의 설계가 절실하다.

일반적으로, 정책수단은 정책목표를 달성하기 위해 정부가 동원하는 다양한 수단과 장치[16]라고 정의된다. 정책수단 연구는 1980년을 전후하여 미국을 필두로 신국정관리(New Governance)를 향한 관심의 증대와 더불어 활발해졌다. 국내외에서 활발해진 정책수단 연구는 거버넌스와 규제, 바우처 등 분야별 연구의 활성화로 이어졌다[17].

우리나라의 경우, 1962년 제1차 경제개발 5개년계획 이래

20여 년 지속된 것이 수출·대기업 중심의 압축성장전략이다. 오랫동안 대기업의 조연에 불과했던 중소기업에 대한 '보호와 지원' 정책이 필요했다. 그럼에도 불구하고, 보편적으로 스타트업[18]은 시장에서 경쟁하고 소비자의 선택을 받아야[19] 살아남을 수 있다. 그런 스타트업이 정책대상집단이므로, 자생력과 국제 경쟁력을 키우고 기업 생태계를 튼튼히 하는 정책, 민간 주도의 창업생태계 조성[20]을 지원하는 정책수단이 설계될 필요가 있다.

지금까지 살펴본 정책, 목표, 수단, 프로그램의 관계를 적절히 보여주는 것이 아래 〈그림 1〉이다. 정책은 여러 프로그램으로 구성되며, 각각의 프로그램은 목표와 수단, 활동으로 구성된다[21]. 이 책의 포커스는 아래 그림의 '수단'에 맞춰져 있다. 따라서, 1980년대부터 최근까지 우리의 정책 설계자들이 주로 어떤 정책수단을 선택해 왔는지 살펴본다면, 창업벤처 정책의 문제를 개선하고 성과를 제고하기 위해 필요한 시사점을 얻을 수 있을 것이다.

또한, 정책수단의 유형을 분류하고 그 변화를 살펴봄으로써, 정부의 직접 개입형 수단이 많은지, 아니면 민간에 맡기는 간접형 수단이 많은지, 최근으로 올수록 정부의 직접 개입(직접형)이 줄어들고 있는지 등을 확인해 볼 수 있다. 이를 통해 향후 우리나라 창업벤처 관련 정책설계의 바람직한 방향을 가늠해 볼 수 있다.

나아가, 이와 같은 정책수단 관련 이론과 사례를 통해 우리의 국정관리가 정부기관을 통한 명령, 통제, 관리라는 직접적이고 전통적인 국정관리 패러다임에 머무르고 있는지, 아주 점진적일지라도 네트워크와 협상, 설득, 권한 부여를 활용하여 간접적이고 새로운 국정관리(new governance)의 패러다임이나 제3자적 정부[22]로 이행하고 있는지, 확인해 볼 수 있을 것이다.

창업 인프라는 최고지만

〈그림 1〉 정책의 구성요소

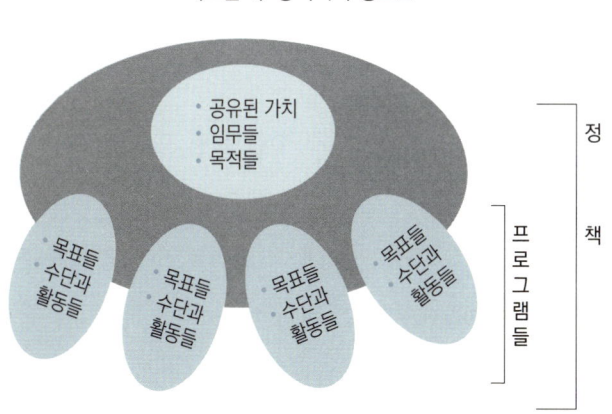

자료: 노화준, 2017(제5판), 『정책분석론』, 박영사, p.52

현재 우리나라의 창업 인프라는 크게 부족함이 없는 상태라고 할 수 있다. "우수한 아이디어만 있으면 돈 한 푼 없이 창업할 수 있게 됐다. …… 사업을 시작하겠다고 콘센트에 플러그를 꽂기만 하면 곧바로 모든 것이 작동되는 시스템이 갖춰진 것이다"[23]. 창업기획자(액셀러레이터)로 활동하고 있는 현장 전문가의 목소리다.

이처럼 우리 창업벤처정책의 인프라를 40년 전과 비교해보면, 상전벽해라는 네 글자가 딱 어울린다. 중소기업정책을 책임지는 최초의 정부 조직은 1960년 신설된 상공부 중소기업과였다. 1968년 중소기업국으로, 1996년 중소기업청으로, 2017년 중소벤처기업부로 격상되었다. 직원은 1960년 10여 명에서 2018년 411명으로 늘었다[24]. 중소기업 관련 예산도 1971년 21억 원(예산의 0.35%)에서 2020년 23.2조 원(예산의 4.53%)으로 빠르게 증가[25]했다. 중소기업정책의 목표 달성을 위해 구체적으로 집행되는 사업(프로그램)을 보면 분야가 다양하고 종류도 많다. 2021년도의 중소기업 지원사업은 모두 1,714개(중앙부처 330개, 지자체 1,384개)에 달하며[26], 창업벤처 분야만 156개 프로그램에 1조 3천억 원의 예산이다[27]. 2024년 현재 창업벤처 예산은 3조 7천억 원에 달한다.

<표 1> 중앙부처 및 지자체 중소기업 지원사업 현황

(단위: 억 원, 개)

구분		금융	기술	인력	수출	내수	창업	경영	기타	합계
전체	예산 (사업수)	163,731 (162)	62,065 (449)	49,454 (118)	10,152 (171)	1,182 (107)	13,080 (156)	36,617 (514)	2,205 (37)	338,485 (1,714)
중앙부처	예산 (사업수)	148,181 (39)	58,923 (151)	47,952 (19)	9,134 (25)	718 (3)	11,850 (23)	31,202 (64)	1,584 (6)	309,542 (330)
지자체	예산 (사업수)	15,550 (123)	3,142 (298)	1,502 (99)	1,018 (146)	464 (104)	1,230 (133)	5,416 (450)	621 (31)	28,943 (1,384)

자료: 중소벤처기업연구원(2021)
주: 예산은 사업설명자료(예산서 및 기금운용계획) 内 세부사업의 본예산 기준

지난 60여 년간 중소기업정책을 담당하는 인력과 조직, 예산과 사업 규모는 급증했지만, 중소기업정책의 성과에 대한 평가가 우호적이지만은 않다. 중소기업정책을 축소하여 자원의 왜곡된 배분을 해소하고 성장잠재력의 감소를 완화하자는 주장[28], 중소기업 지원정책을 고도화하고 정책의 효과성·효율성을 제고할 필요가 있다는 지적[29]이 계속되고 있다. 또한, 지난 2015년에 실시한 창업환경에 관한 설문조사 결과를 보면, 기업인들은 100점 만점에 46.3점으로 매우 낮은 점수를 줬다[30]. 2021년에 실시한 창업환경에 관한 설문조사 결과[31]를 보면 '합리적 법·제도의 수립' 항목에 대해, 기업 CEO들은 100점 만점에 56.7점, 전문가들은 100점 만점에 55.9점을 줬다. 2012년 이후 10년

동안 '3년 연속 이자보상배율 1미만'의 좀비기업 비율이 지속적으로 증가하고 있으며 중소기업은 특히 더 심각하다고 지적[32]하기도 했다.

앞에서 살펴본 것처럼, 창업벤처 정책과 관련한 인력과 조직, 예산, 지원사업 등이 크게 확충되었지만, 정책수요자들의 만족도는 그리 높지 않다. 중소기업정책의 성과에 대한 전문가들의 평가는 호의적이지 않다. 왜 그런 평가를 받게 된 것일까?

이하에서는 (1)정책의 타겟팅에 문제가 있었는지(제2장), (2)문제에 관한 인식과 정의(프레임)는 제대로 되었는지(제3장), 정책의 설계, 특히 정책수단의 설계가 최적화되어있는지(제4장), 정책수단의 선택에 영향을 미치는 요인은 무엇인지(제5장) 등의 순으로 살펴보려고 한다. 이 책의 마지막 장을 덮고 나면, 이런 질문들에 대한 해답이 자연스럽게 구해지기를 기대해본다. 창업벤처 관련 인프라에 미치지 못하는 고객과 전문가의 낮은 평가는 무슨 까닭인지, 그 의문점이 해소되기를 바란다.

물고기 던져주기

제2장. 타겟팅: 양에서 질로, 생태계로

1. 중소기업 숫자를 늘려라
2. 양보다 질이야
3. 벤처는 21세기의 꽃이다
4. 정책을 혁신하라
5. 전봇대를 뽑아라
6. 생태계를 조성하라
7. 창업국가를 만들자

제2장. 타겟팅: 양에서 질로, 생태계로

타겟팅은 마케팅에서만 중요한 게 아니다. 속도보다 방향이 중요하다는 말이 있듯이, 누가 무슨 일을 하든 타겟팅에 따라서 준비 과정과 수단이 달라진다. 정책도 마찬가지다. 정책의 목표를 어디에 두느냐에 따라 필요한 자원과 수단, 프로그램 설계가 달라진다. 제2장에서는 1980년대부터 현재까지 창업벤처 정책의 흐름을 일곱 개 시기[33]로 구분해 살펴봤다. 시기별로 정책의 타겟이 어떻게 변화했는지, 창업생태계의 구성 및 선순환에 기여하는 방향으로 진화했는지라는 관점에서 들여다봤다. 아래 〈그림 2〉처럼, 창업생태계란 '창업자, 투자자, 회수시장, 지원기관 등이 유기적으로 상호작용하면서 창업이 활성화되는 환경'으로 정의되는데, 우리나라에서는 2000년경부터 흔히 사용되고 있다.

앞에서 언급한 것처럼, 현재 우리의 창업 인프라와 구성요소는 세계 어디에 내놓아도 손색이 없을 정도로 잘 갖춰져 있다. 작금의 문제는 인프라, 하드웨어, 구성요소에 있지 않다. 소프트웨어가 잘 작동하는지, 구성요소 간 연계와 상호작용이 원활한지, 수많은 정책과 프로그램들이 기대한 만큼의 성과를 내고 있는지의 문제라고 할 수 있다.

<그림 2> 창업생태계의 구성요소 및 선순환 구조

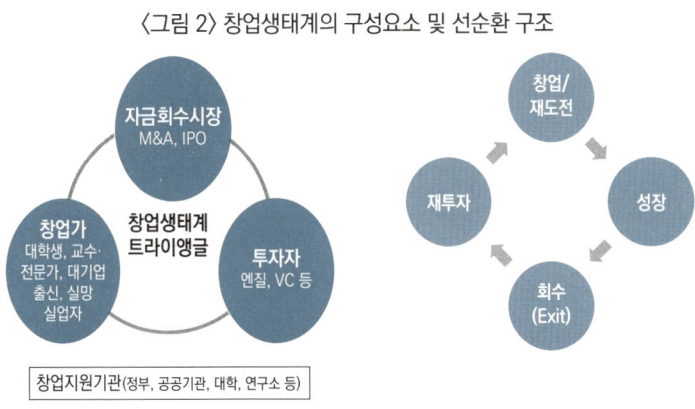

자료 : 선행연구를 토대로 저자 작성

<표 2>를 보면, 한번 도입된 창업벤처 정책은 보완되고 추가되었으며 웬만하면 사라지지 않고 있다. 예를 들어, 네덜란드의 교통인프라 정책의 추이를 분석한 결과[34]도 비슷했다. 네덜란드 교통인프라 정책의 목표는 유연하게 변했지만, 정책수단은 점증적으로 기존 수단에 누적되고 전환되는 강한

경로의존성을 보였다.

마찬가지로 우리의 창업벤처 정책도 전임 정부의 정책을 이어받아 누적되는 경로의존성을 보여주고 있다. 전두환 정부는 초기에 융자 중심의 지원정책으로 출발했다. 거기에 투자 활성화 정책이 더해졌다. 김영삼 정부는 중소기업의 양을 늘리는 정책에서 기술력을 갖춘 벤처기업을 늘리는 정책으로 진화했다. 회수시장으로서 코스닥을 신설했다. 김대중 정부는 벤처투자 활성화에 진력했고, M&A 활성화 정책이 더해졌다. 노무현 정부는 투자 활성화에 주력했던 전임 정부 정책의 부작용에서 교훈을 얻었다. 모태펀드를 통한 간접투자와 성장기반 조성 정책으로 전환했다. 창업절차와 규제의 혁신에 집중한 이명박 정부의 정책을 이어받아 박근혜 정부는 선순환 창업생태계의 조성으로, 문재인 정부는 민간과 투자 중심의 혁신생태계 조성으로 진화했다. 이하에서는 정부별로 조금 더 자세히 살펴보기로 하자.

〈표 2〉 창업벤처정책의 점증주의적 변화

	정부 정책	전·노 정부	김영삼 정부	김대중 정부	노무현 정부	이명박 정부	박근혜 정부	문재인 정부
1	융자	○	○	○	○	○	○	○
2	투자	○	○	○	○	○	○	○
3	기술보증	○	○	○	○	○	○	○
4	세제지원	○	○	○	○	○	○	○
5	정보제공	○	○	○	○	○	○	○
6	경영상담	○	○	○	○	○	○	○
7	CEO연수	○	○	○	○	○	○	○
8	규제완화	○	○	○	○	○	○	○
9	'창업 지원법'	○	○	○	○	○	○	○
10	중진공 직접대출	○	○	○	○	○	○	○
11	중기청 신설		○	○	○	○	○	○
12	창업공간 제공		○	○	○	○	○	○
13	코스닥 개설		○	○	○	○	○	○
14	스톡옵션 부여		○	○	○	○	○	○
15	교수연구원 휴직 허용		○	○	○	○	○	○
16	연기금 투자 허용		○	○	○	○	○	○
17	엔젤투자		○	○	○	○	○	○
18	벤처기업 인증		○	○	○	○	○	○
19	'벤처기업 특별법'		○	○	○	○	○	○
20	기술거래소			○	○	○	○	○
21	청소년교육			○	○	○	○	○
22	투자 활성화			○	○	○	○	○
23	모태펀드				○	○	○	○

<표 2> 창업벤처정책의 점증주의적 변화 (계속)

	정부 정책	전·노 정부	김영삼 정부	김대중 정부	노무현 정부	이명박 정부	박근혜 정부	문재인 정부
24	벤처 M&A				○	○	○	○
25	실험실 창업				○	○	○	○
26	기술특례상장				○	○	○	○
27	쿠폰(바우처)				○	○	○	○
28	1인 창조기업법 제정					○	○	○
29	청년창업사관학교					○	○	○
30	재기 지원					○	○	○
31	창조경제혁신센터						○	○
32	코넥스 개설						○	○
33	크라우드펀딩 허용						○	○
34	액셀러레이터 도입						○	○
35	연대보증 폐지						○	○
36	팁스(TIPS) 신설						○	○
37	중기벤처부 신설							○
38	'벤처투자촉진법' 제정							○
39	'창업지원법 전부개정'							○

▶ 중소기업 숫자를 늘려라

박정희 대통령의 총애를 받았다는 전두환 대통령은 박정희 정부(제3공화국)와의 차별화를 시도했다. 아이러니다. 4차에 걸쳐 20여 년 지속된 수출·대기업 중심 경제개발 5개년계획의 그늘에서 벗어나고자 했다. 전두환 정부는 중소기업의 숫자와 비중을 늘리는 데 집중했다. 창업지원사업과 창업촉진에 매달렸다. 정부가 주도하는 대기업 중심의 성장우선 정책 기조에서 안정·자율·개방의 정책 기조로 전환[35]하려 했다. 재벌과 전경련이 껄끄러워했던 '독점규제및공정거래에관한법률'을 제정했다. 당시 김재익 경제수석은 정부 주도로 소수의 대기업에게 자원을 집중시켜 압축성장을 이룩했던 1960-70년대 경제정책의 시효가 끝났다고 판단했다. 대신, 자율과 안정, 개방의 정책 기조로 전환하고, 중소기업의 비중과 위상을 키우는 방향으로 패러다임 전환을 시도했다[36].

전두환·노태우 정부를 대표하는 중소기업 정책은 '중소기업제품구매촉진법' 제정(1981), 유망중소기업의 발굴(1983), '중소기업창업지원법' 제정(1986), 기술신용보증기금 신설(1989) 등이다. 창업정책에 국한한다면, 1982년 12월에 '중소기업기본법'과 '중소기업진흥법'을 개정하여 창업조성지원계획을 수립했고, 1984년에는 '창업조성지원사업'을 시작했으며, 1986년에는 '중소기업창업지원법'을 제정했다.

우리나라 최초의 창업지원 프로그램은 1984년부터 1993년까지 지속된 '창업조성지원사업'이다. 중진공과 중소기업은행,

국민은행 등을 창업조성기관으로 지정하고, 업체를 선정하여 저리의 자금을 대출하는 프로그램이었다. "경영자적 자질과 창업제품의 기술성, 시장성에 대한 사업타당성 검토 결과와 창업조성심의위원회를 거쳐"(상공부, 1985: 132) 지원대상 사업자를 선정했다. 1984년에 중진공, 중소기업은행, 국민은행, 신용보증기금, 한국기술개발(주) 등 다섯 개 창업조성기관이 총 113억 원의 자금을 대출(상공부, 1985:133)[37]했다. 중진공의 경우, 1984년 12개 업체, 10억 원에서 1993년 190개 업체, 530억 원으로 지원 규모가 급증했다. 10년 누적치로는 1,053개 업체, 2,791억 원에 달했다[38]. 하지만, 투자가 아닌 융자라는 한계를 극복하기는 어려웠다. 융자에서 투자로의 중심 이동을 모색했다.

본격적인 창업정책의 시작은 1986년 '중소기업창업지원법'의 제정[39]이었다. 이 법은 미국 '중소기업투자법'(Small Business Investment Act), 일본 '중소기업투자육성주식회사법', 대만 '청년창업보도(輔導)法' 등을 벤치마킹[40]했다고 알려졌다. 정책자금과 세제 지원, 창업지원기금 설치, 창업투자회사(Venture Capital) 육성, 창업투자조합 설립, 중소기업상담회사 육성, 상공부 내 창업지원심의위원회 설치, 시군구 창업민원실 설치 등 정책집행에 필요한 제도와 인프라의 정비에 기여했다. 이로써 체계적이고 지속가능한 창업정책의 집행이 가능해졌다.

전두환-노태우 정부의 창업정책을 생태계 관점에서 평가해본다면, 정부 출범 초기보다 생태계 구성요소가 많이 보완되었다. 하지만, 스타트업이나 벤처기업 투자자를 위한 '회수(exit)시장'이 없고, 그로 인해 투자보다는 융자 중심의 금융이 제공되는 불완전한 생태계였다. 따라서, 구성요소 간 유기적 상호작용이 이루어지기 힘든 구조였다고 할 수 있다.

〈표 3〉 전두환·노태우 정부의 창업정책

시기	내용	비고
1982.12	중소기업기본법·중소기업진흥법 개정	창업지원정책 근거
1984.04	창업조성지원사업 실시	최초 창업지원정책
1984.05	창업조성기관(중진공, 기업은행, 국민은행 등) 지정	
1986.04	'중소기업창업지원법' 제정	창업정책 체계화
1986.12	'신기술사업금융지원에관한법률'[1] 제정	'기술신용보증기금' 설치
1989.03	'중소기업 경영안정 및 구조조정 촉진 특별법' 제정	
1989.04	기술신용보증기금(공공기관) 출범	기술신보 독립
1992.12	'중소기업경영안정 및 구조조정촉진 특별법'[2] 개정	중진공 직접대출 근거

주1) 주요 내용이 '여신전문금융업법'(1997년 8월)으로 이관되면서, '기술신용보증기금법'(2001년)으로, 다시 '기술보증기금법'(2016년)으로 변경됨.
주2) 이 법안에 근거하여 중진공의 '직접대출'이 가능해졌으며, '직접대출'이 시작된 것은 1993년 6월부터.

◐ 양보다 질이야

김영삼 정부는 양에서 질로 전환했다. 아쉽게도, 임기 말에 터진 외환위기로 인해 김영삼 정부의 업적 대부분이 묻히거나 저평가되었다. 창업벤처 정책을 포함하여 김영삼 정부의 정책들에 대한 재평가가 필요하다. 중소기업정책, 창업벤처정책 분야에서도 예상했던 것보다 많은 성과를 남겼다. 1996년 2월 통상산업부 산하에 중소기업청을 신설[41]했다. 창업보육센터를 신설했고, 코스닥 시장을 개설했으며, 스톡옵션 제도를 도입했다. 임기 말이긴 했지만 1997년에 '벤처기업육성특별법'을 제정했다.

아울러, 국내외 경제를 바라보는 관점의 전환을 시도했다. 자율과 창의가 바탕이 되는 '신경제'를 천명하고, 자율성, 일관성, 투명성을 중시하는 경제정책[42]을 강조했다. 그 연장선상에서, 금융실명제와 금리자유화, 국내시장 개방, OECD 가입을 추진했다.

중소기업에 대한 관점의 전환도 시도했다. 우루과이라운드(UR) 타결과 세계무역기구(WTO) 출범에 따라 중소기업정책을 보호와 육성에서 자율, 개방, 경쟁의 기조로 전환[43]하려고 했다.

1993년 최초의 창업보육센터가 문을 열었다. "기술 및 사업성은 있으나 자금, 장소, 시설확보 등에 어려움이 있는 창업자를 대상으로 저렴하고 융통성 있는 작업장, 범용 제조설비, 실험기기 등 하드웨어(H/W)와 경영·기술상담 등 지식서비스를 제공하여 창업성공률을 높이며 사업 능력을 배양"(상공자원부, 1994:182)하려는 조치였다.

1995년 말 벤처기업협회의 창립[44]과 함께 '벤처기업'이라는 단어가 처음 사용되었다. '벤처기업'은 연구개발을 토대로 하는 기술집약형 중소기업을 의미(통상산업부·중소기업청, 1997:228)하는 민간협회의 용어였다. 하지만 1997년 8월 '벤처기업육성특별법' 제정 이후에는 정부 지원요건을 충족한 기업을 의미하는 법률용어로 변했다. 장점도 많았지만, 인증 요건[45]의 잦은 변경과 정부 개입 논란이 거듭되는 계기를 제공했다.

벤처기업협회의 출범 이후 1996년 3월 개최된 '벤처포럼'에서 투자 회수시장의 필요성이 제기[46]되었고, 1996년 7월 코스닥 시장이 문을 열었다. 1997년 초에 증권거래법 개정으로 '스톡옵션'이 도입되었다. 1997년 8월 제정된 '벤처기업육성특별법'은 기존 중소기업의 벤처기업 전환과 벤처기업 창업을 촉진하기 위해, 연기금의 벤처기업 투자와 투자조합 출자를 허용했고, 외국인의 주식투자 한도를 폐지했다. 국공립대학 교수나 연구원의 창업을 위한 휴직을 허용했다. 벤처 단지와 집적시설의 조성과 지원 근거를 마련했다.

이처럼 김영삼 정부는 양보다 질에 무게를 두었다. 창업기업의 숫자를 늘리기보다는 기술집약형 중소기업과 벤처기업의 창업 활성화(통상산업부, 1995:181)를 지향했다. 중소기업지원법 체계를 정비하고, 창업과 공장설립 관련 절차를 간소화(통상산업부, 1995:187-188)하는 특별법('기업활동 규제완화 특별법')을 제정했다. 병역특례업체에 중소기업을 포함시켰고, 외국인 산업기술연수생의 활용도 가능하게 했다. 병역특례 전문연구요원의 창업·벤처기업으로의 전직을 허용했다(통상산업부·중소기업청, 1997:232). 전국 각 대학별로 창업동아리 결성을 지원하고, 대학생 창업경진대회를 개최하기 시작했다. 1997년 3월 최초의 벤처기업육성정책을 성안하여 확대경제장관회의에서 발표[47]하기도 했다.

김영삼 정부의 창업벤처정책을 생태계 관점에서 평가해본다면, 창업기업과 벤처기업 투자자를 위한 회수시장으로서 코스닥이 개설되고, 우수인재 확보를 위한 스톡옵션이 가능해지고 창업보육센터가 추가됨으로써, 창업 인프라와 구성요소 측면에서는 부족함이 없을 정도가 되었다. 창업생태계의 구성요소 간 유기적 상호작용이 이루어지기 위한 기초여건을 마련한 단계라고 평가할 수 있다.

<표 4> 김영삼 정부의 창업벤처정책

시기	내용	비고
1993.04	창업보육센터(영동('93.4), 안산('93.12))	
1993.05	'기업활동 규제완화 특별법' 제정	창업·공장설립 절차 간소화
1994.12	'중소기업창업지원법' 개정	창업보육센터 설립 근거
1996.02	'중소기업청' 출범	
1996.07	'코스닥' 시장 개설	벤처투자 활성화 토대
1997.04	주식매수선택권(스톡옵션) 도입	증권거래법 개정
1997.08	'벤처기업육성을위한특별조치법' 제정	

❯ 벤처는 21세기의 꽃이다

김대중 정부는 '벤처는 21세기의 꽃'이라는 비전을 내세웠고, 벤처투자 활성화에 매진했다. 하지만 김대중 정부 5년은 롤러코스터에 올라탄 격이었다. 1998년 국가부도의 위기와 함께 임기를 시작했다. 나라 금고는 텅 비어있어, 예산과 재정을 중소기업이나 벤처에 투자할 여력이 없었다. 알짜 기업을 팔고, 구조조정을 하고, 금융시장을 개방하고, 규제를 완화했다. 위기를 극복하니 벤처 붐이 찾아왔다. 기초가 부실한 버블은 오래가지 못했다. 2000년 봄 이후 거품이 꺼졌다. 버블 붕괴의 후유증 치유도 김대중 정부의 몫이었다.

급한 불부터 꺼야 했다. 대통령에 취임하기도 전에 많은 대기업과 시중은행의 파산으로 도산 위기에 처한 중소기업의 경영안정을 위한 조치가 시급했다. 아울러, 벤처투자 및 코스닥 활성화 정책을 병행 추진했다. 중소기업 안정을 위한 긴급조치로 한국은행의 총액대출한도 확대, 신용보증기관의 보증배수 확대, 시중은행의 중소기업 대출상환 연기, 중소기업진흥공단의 구조개선자금 직접 대출, 중진공 內 중소기업 M&A 센터 개설, 외국인 투자업종의 확대, 외국인의 적대적 M&A 허용 등(박준경, 2013:36)이 추진되었다.

창업자금의 공급 확대, 창업강좌와 창업동아리 확대, 창업보육센터 확대, 교수·연구원의 (실험실) 창업 활성화, 외국인의 창업투자조합 출자 제한 폐지, 벤처·창업 투자자금에 대한 세제혜택 강화, 엔젤 투자의 활성화, 코스닥 시장에 벤처기업부 신설, 외국인 주식투자의 전면 자유화 등의 조치를 통해 '제1차 벤처 붐'을 이끌었다.

임기 초반 '벤처기업육성특별법'과 '중소기업창업지원법'의 개정(중소기업청, 2001:121)을 통해 투자 활성화를 위한 규제완화에 매진했다. 예를 들면, 벤처기업의 최소 설립자본금 인하, 정책지원범위를 非제조업종으로 확대, 코스닥 등록기업의 자기주식 취득과 일반공모를 통한 증자 허용, 교수와 연구원의 벤처기업 임직원 겸직 허용, 교수나 연구원 등 외부인에게도 벤처기업의 스톡옵션 허용, 병역특례 전문연구요원 제도의 개선, 엔젤 투자조합의 설립요건 완화, 1천억 원 규모의 한국벤처투자(KVF) 설립, 창업투자조합의 유한책임제도 도입, 분사 창업제도(spin-off) 도입 등을 추진했다. 기술이전촉진법('99)에 근거해 한국기술거래소가 문을 열었다. 이를 통해 기술거래의 알선, 기술사업화 투자, 벤처 M&A 등이 활성화될 것으로 기대했다[48]. 1998년부터 교통, 정보통신, 연구, 금융 등의 기능이 집중된 도심에 벤처기업이 집단 입주할 수 있는 빌딩을 '벤처기업 집적시설'로 지정했다. 벤처 집적시설로 지정된 경우, 조세 감면과 부담금 면제의 혜택을 제공했다. 벤처 집적시설은 1998년 말 24개에서 2003년 6월 137개로 급증했다(중소기업청, 2003:118).

코스닥 활성화를 위해 코스닥 등록기업의 세제 혜택을 강화하고, 우수기업의 신규등록 유치를 추진하고, 상하한가 폭을 확대하고, 투신사 주식형 펀드와 연기금의 투자 대상을 코스닥 종목으로까지 확대했다.

이 같은 노력으로 김대중 정부 5년간 창업보육센터는 12개에서 290개로, 엔젤클럽은 3개에서 33개로, 창업투자조합은 84개에서 410개로, 벤처기업은 1,000여 개에서 8,778개로 급증[49]

(중소기업청, 1998; 2002; 2003)했다. 그러나, 김대중 정부 후반기에는 벤처 버블의 붕괴로 고전했다. 코스닥시장 건전화 방안(1999년 12월), 벤처캐피탈 윤리강령(2000년 3월)[50]을 발표했다. 창업투자회사의 자산 운용에 대한 감독과 관리를 강화하고, 법령을 위반한 5개 창업투자회사의 등록을 취소했다. 2002년에는 '벤처기업 및 벤처투자 건전화 방안'을 발표[51]했다.

김대중 정부의 창업벤처정책을 생태계 관점에서 평가해본다면, 전임 정부에서 갖춰놓은 창업 인프라와 구성요소를 활용하여, 구성요소 간 유기적 상호작용이 활발해졌고 그로 인해 창업과 벤처 투자가 활성화된 경험을 했던 최초의 정부였다. 하지만, 벤처에 대한 투자 열풍과 곧 이은 거품 붕괴는 미성숙 단계에 있었던 창업벤처 생태계에 큰 상처를 남겼다. 선순환하는 창업벤처 생태계의 조성은 한참 뒤로 미뤄졌다.

〈표 5〉 김대중 정부의 창업벤처정책

시기	내용	비고
1998.12	'벤처기업육성특별법' 개정	벤처창업·코스닥 활성화 교수·연구원 창업지원 등
1998.12	벤처기업집적시설 지정	창업공간 확보에 기여
2000.01	'중소기업창업지원법' 개정	투자조합 유한책임제도 도입
200.4	한국기술거래소 개설	기술이전촉진법('99) 제정 기술거래 알선,.M&A 등
2001.05	엔젤투자조합 등록제 도입	엔젤투자 활성화

〈표 5〉 김대중 정부의 창업벤처정책 (계속)

시기	내용	비고
2002.02	벤처기업·벤처투자 건전화 방안 발표	벤처 게이트 후속 조치
2002.07	'벤처기업육성특별법' 개정	벤처확인 요건 강화
2002	청소년 비즈쿨 도입	청소년 창업교육 활성화

❷ 정책을 혁신하라

노무현 정부는 정책의 혁신[52]을 강조했다. 정부 의존성을 높이는 정책이 문제라고 봤다. 중소기업 정책의 목표를 혁신역량 제고와 글로벌 경쟁력 강화에 두고, 정책대상을 혁신형-일반형-생계형으로 구분했다. 지원방식도 보호·육성의 기조(자금 위주의 직접지원, 중앙정부 주도형, 수시대응형 방식)에서 벗어날 것을 주문했다. 대신, 자율과 경쟁의 원칙을 바탕으로 하는 성장환경의 조성(중소기업청, 2003:61)을 추구했다.

중소기업정책의 혁신을 실천에 옮겨 단체수의계약제도, 중소기업고유업종제도, 지정계열화제도를 폐지했다. 혁신형 중소기업[53]의 경쟁력 제고를 위한 환경을 조성하는 방식으로 정책의 기조를 전환했다. 그러나, 힘들게 폐지했던 고유업종 제도는 이명박 정부에서 '중소기업 적합업종'으로, 문재인 정부에서 소상공인 '생계형 적합업종'으로 되살아났다.

노무현 정부는 전임 김대중 정부의 유산으로 코스닥 시장의 침체와 부실 벤처기업을 물려받았다. 그런 연유로 벤처기업의 건전화와 구조조정 정책을 추진했다. 벤처 M&A를 활성화하기 위한 유인책으로, 주식매수청구권 행사 절차·기준의 완화, 합병기업의 등록요건 완화, 합병의 세제상 유인 강화, 주식 양도소득세 과세 이연 등을 발표했다. 2004년 12월과 2005년 6월 두 차례에 걸쳐 벤처기업 지원대책을 발표했다. 코스닥 시장의 가격 제한폭을 유가증권시장(코스피)처럼 상향 조정하고, 1조 원 규모의 모태펀드를 조성하고, 10조 원 규모의 보증을 공급하고, 신기술 제품의 공공구매를 확대하고, 코스닥에 '기술특례상장' 제도를 도입하고, 코스닥 신규 등록기업의 법인세 과세를 이연하는 등의 조치였다. 이를 통해 2001년 이후 침체에 빠진 벤처기업의 재도약을 위한 토대를 마련했다는 평가를 받았다.

노무현 정부의 기여 중 하나는 모태펀드(fund of funds)의 방향성 정립이다. 정부가 창업투자조합에 직접 출자하던 방식에서 벗어나려고 했다. 정부가 모태펀드를 만들어 출자하면 그 모태펀드가 다시 민간펀드에 출자하고 그 민간펀드가 투자조합을 만들어 벤처기업에 투자하는 간접투자 방식으로 전환했다. 이를 통해 정부의 자금지원과 투자에 있어서 전문성을 제고[54]했다.

아울러 벤처캐피탈의 투명성과 신뢰성을 제고하기 위해 노력했다. 2005년 9월 창업투자회사 평가시스템을 도입하고, 창업투자회사의 투자, 경영성과, 법규위반 등에 관한 공시제도를 도입했다. 이처럼 투자활동 전반에 대한 모니터링을 강화했다.

노무현 정부의 창업벤처 정책을 생태계 관점에서 평가해본다면, 정부 정책에의 의존도를 낮추고, 기술혁신형 창업을 장려하고, 투자자금 회수(exit)시장의 대안으로서 M&A 활성화를 위한 정책을 추진했다. 아울러, 모태펀드를 활용한 간접투자 방식을 모색하는 등 민간과 수요자 중심의 생태계를 구축하려고 노력했다. 요컨대, 노무현 정부는 건강한 창업벤처 생태계의 조성을 추구했고, 보호와 육성의 직접지원 기조에서 자율과 경쟁의 간접지원 기조로 전환하고자 했다.

〈표 6〉 노무현 정부의 창업벤처정책

시기	내용	비고
2003.06	벤처기업 M&A 활성화 방안	합병기업 과세 이연 등
2003.07	혁신형 중소기업 경쟁력 강화 대책	자금난 해소, 직접대출 확대
2004.03	중소벤처기업 경쟁력 강화 대책	창업절차 간소화
2004.12 2005.06	벤처기업 활성화 대책(2회) (모태펀드, 기술특례상장 등)	1조 모태펀드, 코스닥 가격제한폭 확대, 기술특례상장 도입 등
2005.03	기술혁신형 창업 활성화 대책 (실험실 창업 활성화 등)	실험실 창업, 창업보육센터 활성화
2005.07	창업보육센터 효율성 제고 방안	중기청 중심 통합

◉ 전봇대를 뽑아라

이명박 정부는 창업절차의 간소화를 대대적으로 추진했다. 인수위 단계에서부터 '전봇대 뽑기'(규제 혁파)를 강조하는 등 친기업·시장 중심의 실용정부를 천명했다. 대통령 취임사에서 창업의 중요성과 기업 생태계(성장 사다리)의 비전을 제시했다.

출범 초기에 발표한 창업절차 간소화 방안에는 온라인 재택창업 허용, 상법상 최저자본금 폐지 등 혁신적인 조치가 포함됐다. 그 결과, 세계은행(World Bank)의 경영환경(Doing Business) 평가에서 창업분야 점수(순위)가 2007년 61.6점(102위)에서 2012년 88.7점(35위)으로 상승했다.

아울러, 2008년 9월 글로벌 금융위기의 여파로 대·중소기업의 상생협력, 동반성장, 중소기업 적합업종 등 보호적 정책도 곁들였다. 또한, 예비창업자가 체득한 기술, 경험 그리고 전문적 노하우 등 지식을 바탕으로 사업에 착수하는 기술창업[55] 활성화 대책을 발표했다. 창의성과 전문성을 갖춘 개인이 사장이면서 직원인 1인 창조기업[56]의 창업 활성화 방안을 발표하고 관련 법률을 제정했다. 이로써, 전문적인 지식과 기술, 아이디어, 특허 등 지식재산, 식품 레시피 등을 토대로 한 소자본 창업이 가능해졌다.

그리고 2011년 초에는 창업선도대학 프로그램을 선보였다. 대학 내의 창업강좌와 창업동아리 활동을 통해 예비 기술창업자를 육성하고, 기술창업 아카데미와 창업경진대회 개최 등을 통해 대학을 청년창업 플랫폼으로 육성하겠다는 취지였다. 아울러, 중진공 안산연수원 내에 청년창업사관학교를 신설했다. 39세 이하의 청년 예비창업자 또는 3년 미만의 초기창업기업을 대상으로 사업모델 개발, 시제품 개발 지원 등 전문 보육서비스를 제공하는 것으로서, 업그레이드된 창업보육 프로그램이었다.

이명박 정부의 창업벤처 정책을 생태계 관점에서 평가해본다면, 생태계 구성요소 간의 유기적 상호작용이 활발해져야 한다는 문제의식 하에서 최저자본금을 폐지하는 등 불필요한 규제(전봇대)를 과감하게 철폐했다. 기업가정신 제고를 위한 재단 설립을 지원하고 청년들의 준비된 창업과 기업가정신의 중요성을 강조했다.

<표 7> 이명박 정부의 창업벤처정책

시기	내용	비고
2008.04	창업 절차 간소화 방안	최저자본금 폐지, 재택창업 등
2008.06	기술창업 활성화 대책	교수·연구원 휴직 창업 허용 등
2009.03	1인 창조기업 활성화 방안	지식, 기술, 아이디어 창업 촉진
2010.08	청년 기술·지식 창업 지원대책	청년 기업가정신재단 설립 등
2011.02	창업선도대학 선정	(1차) 15개 대학 선정

<표 7> 이명박 정부의 창업벤처정책 (계속)

시기	내용	비고
2011.03	'1인 창조기업 육성법' 제정	
2011.03	청년창업사관학교(중진공) 설립	
2012.05	청년창업과 재도전 촉진 방안	

◐ 생태계를 조성하라

박근혜 정부는 보수 정부임에도 불구하고 출범 초부터 경제민주화와 동반성장을 강조했다. 임기 초에 창조경제를 정책 브랜드로 내세웠다. 17개 광역 시·도에 창조경제혁신센터를 설립하여 지역별 창업플랫폼의 역할을 부여했다. 여러 부처와 경제단체가 힘을 보탰으나 창조경제라는 모호한 개념과 짧은 추진 기간으로 성과를 도출하기가 쉽지 않았다.

민간이 먼저 투자(2억 내외)하고 정부가 나중에 투자(5-7억)하는 민간투자 주도형 기술창업지원 프로그램(TIPS)을 2013년 처음 선보였다. 2015년 서울 역삼동에 팁스타운을 조성했으며, 팁스 출신 벤처기업 가운데 코스닥과 나스닥, M&A 등을 통해 회수에 성공한 사례들이 나오면서, 벤처기업이나 예비창업자들이 가장 선호하는 창업지원 프로그램으로 평가[57]받았다.

또한, 벤처기업 대표에 대한 제2금융권의 연대보증을 폐지하여 실패의 부담을 다소나마 덜어줬다. 코스닥 시장에 등록하기 어려운 초기 중소·벤처기업의 성장지원 및 모험자본의 선순환 체계 구축을 위해 코넥스(KONEX, Korea New Exchange) 시장을 새로 개설했다. 소액투자도 하고 경영자문도 하는 창업기획자(액셀러레이터) 제도를 도입했다. 이를 통해 기존의 엔젤투자와 벤처캐피탈의 중간 단계에서 벤처기업이 죽음의 계곡에 빠지지 않도록 도와주는 연결다리 역할을 맡겼다. 아울러, 다수의 소액투자자를 모집하여 소자본 프로젝트, 시제품, 공연, 영화, 게임 등은 물론 스타트업에도 투자할 수 있는 증권형 크라우드펀딩이 가능하도록 관련 법령을 개정[58]했다.

박근혜 정부의 창업벤처 정책을 생태계 관점에서 평가해본다면, 창업기획자(액셀러레이터) 제도를 도입하고 크라우드펀딩을 허용하고 민간주도형 기술창업지원 프로그램(TIPS)을 선보이는 등 생태계 구성요소의 빈틈을 훌륭하게 메웠다. 아울러, 창업생태계의 중요성을 국정과제 전면에 내세웠던 최초의 정부였다.

<표 8> 박근혜 정부의 창업벤처정책

시기	내용	비고
2013	제2금융권 연대보증 폐지	
2013	'코넥스' 개설	장외거래시장
2013	TIPS(민간주도형 기술창업지원)	민간 1-2억 + 정부 5-7억
2014.03	창조경제혁신센터(17개 광역시도)	
2014	'중소기업기술보호지원법' 제정	
2014	대학기업가센터 선정	
2016	크라우드펀딩 허용	
2016	창업기획자(Accelerator) 제도 신설	중소기업창업지원법 개정

⊙ 창업국가를 만들자

문재인 정부는 2017년 7월 중소기업청을 중소벤처기업부로 승격시켰다. 관련 인력과 조직, 예산이 급증했다. 금산분리의 예외 인정을 통해 대기업의 벤처투자(CVC)를 허용했다. 유니콘 기업과 벤처투자 금액이 크게 늘었으며 신설법인[59]도 꾸준히 증가했다. 역대 정부 최초로 창업생태계 조성과 창업국가 건설[60]을 법률안 제1조(목적)에 반영한 '중소기업창업지원법 전부개정안'을 통과시켰고, '벤처투자촉진법'도 제정했다.

임기 초반에 공공기관 정책자금의 연대보증 폐지, 코넥스 기술특례 상장요건의 완화, 다중채무자의 재기지원 절차 간소화 등 건강한 창업생태계 조성방안(2017년 4월)을 발표했다. 민간 중심 벤처생태계 혁신 방안(2018년 1월)에서는 문재인 정부 창업벤처 정책의 기조를 민간 주도, 시장 친화, 자율·책임이라는 세 가지로 제시했다. 그 연장선상에서 벤처기업 확인제도를 개편하여 공공기관의 보증과 대출만 받아도 벤처기업 인증을 부여하던 유형을 폐지했다. 민간 벤처기업 확인기관과 민간 전문가들이 기술의 혁신성과 사업의 성장성을 중심으로 평가하여 인증하도록 했다. 액셀러레이터(창업기획자)의 투자조합 결성을 허용했다. 모태펀드의 구성과 운용도 민간중심으로 이루어지도록 개편했다. 2020년 2월 기존 '중소기업창업지원법'과 '벤처기업육성특별법'에 흩어져 있던 투자 관련 내용을 통합하여 '벤처투자 촉진에 관한 법률'을 제정했다.

문재인 정부의 업적 중 하나는 1986년 제정된 '중소기업창업지원법'을 대대적으로 개편한 점이다. 2021년 12월 통과된 '중소기업창업지원법' 전부개정안을 통해 국민 누구나 자유롭게 창업에 도전하고 글로벌 기업으로 성장할 수 있는 창업생태계 조성과 창업국가 건설을 목표로 제시했다. 정책대상을 중소기업만이 아닌 국민 모두로 넓혔고, 정책목표도 건전한 산업구조의 구축에서 디지털경제 시대의 국가 성장동력과 일자리 창출로 확장[61]했다. 신산업 창업지원의 경우, 수혜 자격을 업력 7년 이하에서 10년 이하로 연장했다. 결과적으로, 문재인 정부에서는 제2의 벤처 붐이 일어났다고 할 정도로 벤처투자 금액과 유니콘 기업의 숫자가 크게 증가했다.

한편, 2019년 일본의 반도체 핵심부품 수출금지, 2020년 코로나19 바이러스의 세계적 확산 등 미증유의 경제위기에 직면했다. 예상치 못한 위기로 인해, 자영업, 소상공인, 소재·부품·장비 기업, 스마트공장 등의 분야에도 많은 재원을 투입하지 않을 수 없었다.

문재인 정부의 창업벤처 정책을 생태계 관점에서 평가해본다면, 공급자 중심에서 민간과 수요자 중심으로 이행하려고 노력했다. 창업벤처 생태계 구성요소 간의 유기적 상호작용이 활발해져야 한다는 문제의식 하에서, 벤처투자촉진법을 만들고, 중소기업창업지원법 전부개정안을 통과시켰다. 4차 산업혁명과 글로벌 소재부품 공급망의 위기를 감안한 글로벌 혁신생태계 구축을 모색했다. 벤처 확인제도를 민간기구와 전문가 중심으로 개편하는 등 민간과 투자 중심의 혁신형 생태계를 지향했다.

<표 9> 문재인 정부의 창업벤처정책

시기	내용	비고
2017.04	건강한 창업생태계 조성 방안	정책금융 연대보증 폐지 등
2017.07	중소벤처기업부 출범	차관급에서 장관급으로 격상
2018.01	민간중심 벤처생태계 혁신 방안	벤처인증, 투자 제도 개편 등
2018.01	민간 혁신성 중심 벤처기업 인증	벤처협회 중심으로 인증
2019	스마트 팩토리 지원 방안 발표	4차 산업혁명 트렌드에 대응
2019	소재,부품,장비 공급망 재편 지원	日 핵심부품 수출금지 대응
2020.02	'벤처투자촉진법' 제정	투자 관련 조항 일원화
2021.12	'중소기업창업지원법' 전부 개정	창업국가 건설, 창업진흥원 근거 등

물고기 던져주기

제3장. 프레임: 문제가 뭔데?

1. 수출·대기업 중심의 압축성장
2. 중소기업의 자생력 부족
3. 벤처투자의 부족
4. 정부 의존도를 높이는 정책
5. 기업 발목을 잡는 규제
6. 기울어진 운동장
7. 공급자 중심의 생태계

제3장. 프레임: 문제가 뭔데?

배우들은 설치된 무대 위에서 연기하며, 그 테두리를 벗어나기 어렵다. 잘 꾸며진 무대를 보면 흥이 난다. 배우들이 신나게 연기할 수 있도록 무대 설치에 공을 들여야 하는 이유다. 마찬가지로, 정책의 문제가 무엇인지, 원인은 무엇이고 얼마나 심각한지, 정책대상집단은 누구인지 등을 정의하고 나면 배우들의 활동 무대를 설치한 것과 같다[62]. 정책의 문제를 바라보는 프레임(frame) 안에서 정부는 문제 해결을 위한 최적의 수단을 선택하고, 대상집단과 목표를 정하고, 집행 프로세스를 설계하게 된다. 정책 설계에 있어서 프레임이 중요한 이유다.

앞에서는 타겟팅의 관점에서 정책의 흐름을 살펴봤다면, 이제는 프레이밍의 관점에서 정책의 변화를 들여다본다. 요컨대, 전두환 정부부터 문재인 정부까지 시기별로 정책의 프레임이

어떻게 변해왔는지 그에 따라 정책수단은 어떻게 달라졌는지 살펴본다.

그 결과를 보여주는 것이 〈표 10〉인데, 시기별 프레임과 정책수단의 변화를 요약 정리한 것이다. 전두환·노태우 정부는 창업의 양적 비중을 강조했고, 농공단지 조성과 농어촌 창업, 중진공 직접 대출을 허용했다. 김영삼 정부는 양에서 질로 전환했다. 개방과 세계화 시대에 버틸 수 있는 신기술·지식집약형 창업을 강조했다. 김대중 정부는 시작 단계에 불과한 창업벤처 생태계 위에서 벤처투자와 코스닥 활성화에 매진했다. 그 결과 벤처 붐과 거품 붕괴를 동시에 경험했다. 노무현 정부는 기업의 정부 의존성을 높이는 기존 정책의 혁신에 집중했고, 간접투자와 '성장기반 조성'을 선호했다. 이명박 정부는 친기업적 규제완화, 창업절차의 간소화에 매진했다. 박근혜 정부는 선순환 창업생태계의 조성을 목표로 팁스, 액셀러레이터 등 새로운 생태계 구성요소를 선보였다. 문재인 정부는 공급자 중심 생태계의 한계를 지적하고 민간과 투자 중심의 창업생태계 조성을 강조했다.

이처럼 정부에 따라 창업벤처 관련 문제정의(프레임)와 수단 선택이 진화해 왔다. 창업의 양적 촉진(전두환·노태우 정부)에서 질적 육성(김영삼 정부)으로, 벤처투자 촉진(김대중 정부)에서 간접적 성장기반 조성(노무현 정부)으로, 창업절차(규제)의 혁신

(이명박 정부)에서 선순환 창업생태계의 조성(박근혜 정부)으로, 다시 민간과 투자 중심의 혁신 생태계(문재인 정부)로 프레임이 달라졌고 정책수단도 진화했다.

<표 10> 프레임과 정책수단의 변화

시기	프레임(문제정의)	정책수단
전두환·노태우 정부	• 수출대기업 중심 발전전략으로 중소기업 위축. 이중구조 심화. • 제조업 등 중소기업 설립을 촉진. 농어촌 창업 장려.	• 창업조성지원사업(低利자금 융자) • 창업투자회사, 투자조합 육성 • 중소기업상담회사(컨설팅) 육성 • 농공단지 설립과 활성화 지원 • 중진공 직접대출 근거 마련
김영삼 정부	• 개방과 세계화 시대에 자생력과 경쟁력 부족한 중소기업들 • 양보다 질 중요. 신기술·지식집약형(벤처) 중소기업 육성	• 회수시장(코스닥), 스톡옵션 도입 • '벤처기업육성특별법' 제정 • 창업보육센터 신설 • 연기금 벤처투자 허용 • 창업동아리·창업경진대회 지원
김대중 정부	• 관치금융과 문어발식 확장이 초래한 외환위기 극복과 고용 창출을 위한 중소벤처 육성, 코스닥·벤처투자 활성화 시급	• '벤처특별법' 개정 • 벤처투자 활성화를 위한 규제완화 • 창업보육센터 확산 • 청소년 창업교육 활성화
노무현 정부	• 정부 의존도 높이는 정책의 혁신. 기술력을 갖춘 혁신형 중소기업의 육성과 벤처기업의 건전한 발전을 위한 '성장기반 조성'. 직접 개입보다 간접 지원.	• 벤처 M&A 관련 규제완화 • 코스닥 '기술특례상장' 도입 • 간접투자('모태펀드') 활성화 • 1조 모태펀드, 10조 보증 공급 • 'e 쿠폰'(바우처) 도입 및 활용
이명박 정부	• 불필요한 '전봇대'를 뽑아내고, 창의와 혁신 주도의 역동적 중소기업과 1인 창조기업 육성	• 회사 설립 時 '최소자본금' 폐지 • 온라인재택창업 시스템 도입 • 창업자 연대보증 완화 • '1인 창조기업 육성법' 제정 • 재도전·재창업 지원

<표 10> 프레임과 정책수단의 변화 (계속)

시기	프레임(문제정의)	정책수단
박근혜 정부	• 불공정거래와 격차 심화, 창업생태계 부실. 창업-성장-회수-재도전이 원활한 선순환 창업생태계를 조성	• 창조경제혁신센터(지역창업허브) • TIPS(민간투자주도 기술창업지원 프로그램), 액셀러레이터, 크라우드펀딩, '코넥스' 시장 신설 • 창업자 연대보증 추가 완화
문재인 정부	• 공급자 중심의 정책과 창업벤처 생태계의 문제점. • 민간·투자 중심의 혁신 창업생태계 조성. • 혁신 응원하는 창업국가 건설	• 민간 중심 '벤처확인제도'로 개편 • '벤처투자촉진법' 제정 • 정책자금 연대보증 폐지 • 창업기업용 바우처 제공

아울러, '중소기업창업지원법'의 목적 조항과 지원범위의 변화를 통해서도 역대 정부별로 창업문제를 바라보는 시각(프레임)의 변화를 파악할 수 있다. 예를 들어, 전두환 정부 당시에는 제조업 등 중소기업의 설립을 촉진하고 농어촌 지역의 창업 촉진을 통한 지역균형 성장에 집중했다. 김대중 정부에서는 음식, 숙박, 부동산, 금융, 보험 등 일부 업종을 제외한 모든 업종으로 지원대상을 확장했고 시대 흐름에 맞지 않는 농어촌 지역의 창업 촉진은 삭제했으며, 창업기업에 대한 투자 촉진을 추가했다. 노무현 정부는 법률의 목적 조항에서 '투자 촉진'을 삭제하고 '성장기반 조성'으로 대체했다. 문재인 정부에서는 '중소기업창업지원법 전부개정안'을 통과시켰다. 사행산업을 제외한 모든 창업의 지원, 신산업 창업과 기술창업 촉진, 창업생태계 조성,

창업국가 건설 등으로 목적과 대상을 확장했다.

이하에서는 전두환 정부부터 문재인 정부까지 창업벤처 정책의 문제를 정의하고, 무대를 설치하는 프레임이 어떻게 변했는지, 그에 따라 정책수단의 선택은 어떻게 달라졌는지 자세히 소개하고 있다.

◆ 수출·대기업 중심의 압축성장

전두환·노태우 정부는 20여 년 지속된 수출·대기업 중심 압축성장 전략이 문제의 원인이라고 봤다. 그 후유증으로 중소기업 비중이 줄어들고 대·중소기업 간 이중구조가 심해졌다고 판단했다. 자연스레 중소기업의 창업 촉진, 중소기업의 비중 증가에 포커스를 맞췄다. 제조업과 농어촌 창업을 촉진하여 중소기업의 비중과 위상을 제고하며, 이를 통해 대기업과 중소기업의 격차가 벌어지는 이중구조를 완화하려 했다. 나아가, 지역 간 균형 있는 성장과 건실한 산업구조의 구축을 도모해야 한다는 관점을 취했다.

정부는 앞으로 기업의 창의성을 존중하고 자유롭고 정상적인 기업활동을 최대한 보장하는 동시에 지금까지의 기업에 대한

과잉보호를 지양하고 지원시책을 재검토 정비하여 기업 체질을 강화해 나갈 것입니다. 즉, 경제운용 방식을 민간이 주도하는 방향으로 발전시키며 기업은 대소를 막론하고 경영 결과에 대해 스스로가 책임을 지는 풍토를 조성할 것입니다. ('제11대 대통령 취임사' 中에서)

취임사에 나와 있듯이, 전두환 정부는 기업의 창의성을 존중하고 기업에 대한 과잉보호를 지양하고 스스로 책임지는 풍토를 조성하겠다고 했다. 기존의 정부 주도 경제성장 전략을 답습하지 않겠다는 일종의 차별화 선언이기도 했다. 여기서 '대소를 막론하고'라는 표현은 대기업 편향의 지원정책에서 벗어나겠다는 의도로 해석된다.

1980년 9월 공표된 제8차 개정 헌법을 보면, '중소기업의 보호와 육성' 관련 조항이 추가[63]되었고, 1982년 4월 역대 정부 최초로 '중소기업진흥 장기계획'(1982-91)[64]이 발표되었다. 10년 후(1991년)에 달성해야 할 중소기업 지표, 즉 중소기업 업체 비중, 생산액 비중, 종업원 비중, 부가가치 비중 등이 수치로 명시되어 있다.

이처럼 수치화된 양적 목표 달성을 위해서는 중소기업 숫자를 늘리고 창업을 지원하는 정책(창업촉진정책)이 불가피했다. 예를 들어, 1980년의 중소기업 종업원 수 비중은 48%, 생산액 비중은 32%, 부가가치 비중은 35%로서 1960년의 각각 78%, 67%, 66%에 비해 급락했다. 또한, 1천명당 중소기업 업체 수를 보면, 일본 7.4개('81년), 대만 6.6개('81년)에 비해 우리는 3.5개('83년)에 불과했다(상공부, 1985:130).

1982년 가을 한 언론인과의 대화에서 당시 김재익 경제수석은 대기업에서 중소기업으로의 정책 기조 변화[65]를 강조했다. 당시 정책결정자들은 제조업 등에서의 새로운 중소기업 설립의 필요성을 매우 중요한 과제로 인식하고 있었다. 1980년 '국가보위 비상대책회의'가 바라본 중소기업은 일반적으로 경영 및 기술 수준이 저급하고 노동생산력이 저조한 상태에 있었다. 따라서, 중소기업은 대기업에 의해 사업 분야가 침해당하지 않도록(상공부, 1981: 120) 보호하고 육성해야 할 대상이었다.

이러한 배경에서 1982년 말의 '중소기업기본법'과 '중소기업진흥법' 개정안에 '창업조성지원계획수립'의 근거 조항을 추가했고, 1984년 '창업조성지원사업'을 통해 저리의 정책자금을 대출해줬다. 그런데, 창업지원사업의 지속성과 안정성이 의문이었고 창업지원을 위한 법적 근거와 창업지원 전용 기금이 필요했다. 그런 필요에 따라 1986년 '중소기업창업지원법'을 제정했다. 융자와 더불어 투자가 중요하다는 점, 경영컨설팅을 전담할 중소기업상담회사의 육성, 융자와 투자의 재원으로서 '창업지원기금'의 조달, 창업지원심의위원회와 시군구 창업민원실 등 조직의 신설, 공장설립 절차와 규제의 간소화 등이 신설된 법률에 포함되었다.

1986년 처음 제정된 '중소기업창업지원법'과 시행령에 따르면, 정부에서 재정과 세제, 금융, 창업절차 간소화 등의 수단을 통해 지원하는 업종과 창업의 유형을 좁게 규정하고 있었다. 즉, 법에서 지원하는 업종을 제조업과 광업, 공학 관련 서비스업, 조사 및 정보 관련 서비스업으로, 다시 말하면 '제조업 중심'으로 제한[66]했다. 재정 투입과 절차 간소화 등을 통해 지원하는 창업의 유형도 기술집약형 창업[67]과 농어촌지역 창업으로 명시했다. 최초의 시행령에서는 사업 시작 후 3년 이내의 기업을 법에 근거한 지원대상으로 했었다. 그러다가, 지원범위가 너무 좁다는 지적에 따라 5년 이내의 기업[68]으로 정책대상집단을 넓혔다. 물론, 활용 가능한 재원의 부족이라는 제약조건이 영향을 미쳤을 것이다.

눈에 띄는 것은 농어촌 창업의 촉진이다. 도농 간 격차 완화라는 취지는 좋지만, 농어촌 특산물이나 민예품을 활용한 창업의 지원은 한계가 분명했다. 중소기업 고유업종(임도빈 외, 2015)처럼 농어촌 창업의 촉진과 이를 위한 농공단지 조성사업(송하진·김영평, 2006) 역시 정책실패의 대표적 사례로 거론되고 있다.

앞에서 언급한 것처럼, 중소기업투자회사와 중소기업상담회사의 육성, 투자조합의 결성 등 새로운 정책수단이 포함된 것은 평가받을만하지만, 창업생태계에 관한 인식과 언급은 보이지 않는다. 즉, 법률안의 제안 이유[69]와 제1조(목적)를 보면, ①제조업 등의 새로운 중소기업의 설립, ②건전한 산업구조의 구축, ③지역 간 균형 있는 성장이 언급되어 있을 뿐이다.

요컨대, 전두환·노태우 정부의 프레임을 정리해보면 다음과 같다. "20여 년 지속된 수출·대기업 중심 경제발전전략의 후유증으로 중소기업의 존립 기반이 위축되고 이중구조가 심해졌으므로, 창업투자회사와 중소기업상담회사의 육성을 통해 제조업 등에서의 창업과 농어촌 지역의 창업을 촉진하여, 중소기업의 위상을 제고함은 물론 지역 간 균형있는 성장과 건실한 산업구조 구축을 도모한다."

위와 같은 프레임에 입각하여 전두환·노태우 정부가 선택한 정책수단은 정책자금의 대출이었다. 1984년에 첫선을 보인 우리나라 최초의 창업정책 프로그램('창업조성지원사업')은 정책자금 대출이 중심이었다. 중진공이 12개 업체에 10억 원의 자금을 대출한 것을 포함하여, 다섯 개 기관이 총 113억 원의 저리 자금을 대출해줬다.

1986년의 '중소기업창업지원법'은 1984년의 창업조성지원사업에서 진일보한 것이었다. 창업지원기금을 설치했으며, 창업투자회사와 중소기업상담회사의 육성, 창업투자조합의 결성을 지원했다. 1986년 12월 '신기술사업금융지원법'[70]을 제정하여, 중소기업의 기술을 평가하여 대출보증(기술보증)을 제공하기 시작했고 전담기관(기술보증기금)을 신설했다. 이처럼 최초의 창업정책이었던 1984년의 창업조성지원사업에 비하면, 1986년 이후의 정책수단들은 한 단계 올라섰다고 할 수 있다.

첫술에 배부를 수는 없었다. 중소기업창업지원법에도 허점이 있었다. 먼저, 지방자치단체(시군구)에 설치한 창업민원실의 담당자들이 창업 경험이 없는 공무원들이었고, 창업 촉진의 인센티브와 동기부여가 부족했고, 순환보직으로 담당자가 자주 바뀌었다. 둘째, 농어촌 창업을 위한 새마을공장, 농공단지 조성과 같은 정책들이 산업화, 도시화라는 시대 흐름에 맞지 않았다. 셋째, 창업 촉진을 위해 투자를 장려했고 창업투자회사와 투자조합의 육성을 위해 노력했지만, 업체 선정의 어려움, 투자자금 회수의 어려움과 불확실성, 회수시장의 부재 등으로 여전히 투자보다는 융자(대출)가 많았다. 급기야는 1992년 12월 '중소기업 구조조정 지원'을 명분으로 중소기업진흥공단에 의한 직접대출의 근거를 마련하기에 이르렀다. 그리고, 창업정책의 주된 지원 대상을 제조업과 일부 서비스업(공학 관련 서비스업, 조사·정보

서비스업)으로 제한한 점도 당시 정책결정자들의 좁은 시야를 반영하고 있다.

◐ 중소기업의 자생력 부족

김영삼 정부의 문제의식은 '양(量)이 아니라 질(質)'이었다. 자율과 창의, 개방과 경쟁이 요구되는 세계화 시대에 중소기업은 정책에 의존하는 보호의 객체가 아니며, 경쟁의 주체로서 자생적 경쟁력을 갖춰야 한다고 봤다. 단순한 숫자 늘리기식의 창업 활성화가 아니라, 신기술·지식집약형 중소기업의 창업 활성화가 필요하다는 인식이었다.

위와 같은 인식의 토대 위에서 '벤처기업육성특별법'의 제정이 가능했다. 개방과 경쟁을 강조했고, 투자의 불확실성을 줄이기 위해 코스닥 시장을 개설하고 스톡옵션을 도입했다. 그 결과 김영삼 정부의 정책수단은 전임 정부에 비해 규제완화형 수단이 많아졌다.

우리는 경제의 활력을 되찾아야만 합니다. 그것을 위해서 정부는 규제와 보호 대신에 자율과 경쟁을 보장할 것입니다. 민

간의 창의를 존중할 것입니다. …… 기업은 대담한 기술혁신으로 국제경쟁에서 이겨야 합니다. ('제14대 대통령 취임사' 中에서)

대통령 취임사를 보면, 경제의 활력을 되찾기 위해 규제와 보호 대신 민간의 창의, 자율과 경쟁, 기술혁신, 국제경쟁을 강조하고 있다. 김영삼 정부 시기의 정책환경은 세계화와 개방화로 특징지어진다. 우루과이라운드(UR)의 타결과 WTO(세계무역기구) 체제의 출범으로 금융시장과 유통시장의 개방 요구가 거셌다. 그 속에서 경제의 활력을 되찾기 위해 자율과 경쟁을 강조하고, 민간의 창의를 존중하는 정책 기조를 제시했다. 기업의 기술혁신과 국제경쟁력 강화를 주문했다.

김영삼 정부의 임기 말(1997년)에는 신기술·지식집약형 중소기업을 육성하고 벤처기업 창업을 촉진하는 '벤처기업육성특별법'을 제정했다. 기존의 보호와 육성 위주의 중소기업정책, 단순히 중소기업의 숫자를 늘리는 창업정책은 국경 없는 무한경쟁시대에 자생적 경쟁력을 확보하기에는 한계가 분명하다(상공자원부, 1995: 59)고 인식했다.

신지식·기술을 갖춘 중소기업과 기술집약형 창업이 필요하다는 김영삼 정부의 문제 인식은 1995년 12월 창립된 벤처기업협회의 인식과 비슷[71]했다. 벤처기업협회에서 제안했던 非상장기업 주식시장 개설 제안을 받아들여 1996년 6월 미국의 '나스닥'과 유사한 '코스닥'이라는 비상장기업 전용 주식시장을 개설했다. 1997년 6월 정부가 제안했던 '신기술·지식집약형 기업 육성을 위한 특별법'은 어떤 영문인지 '벤처기업 육성을 위한 특별법'으로 명칭이 변경되어 최종 관문을 통과했다.

김영삼 정부 출범 초기에 발표한 「신경제 100일 계획 7대 과제」에는 중소기업의 경쟁력 강화가 들어가 있었다. 중소기업의 구조조정을 촉진하고, 행정규제를 완화하고 지원제도를 체계화하며, 애로사항의 타개를 지원한다는 세부 과제(상공자원부, 1993: 79-82)가 들어 있었다.

하지만, 김영삼 정부의 핵심 정책과제 속에 창업은 없었다. 김영삼 정부의 창업정책은 중소기업정책 가운데 우선순위가 맨 뒤에 있었다. 전두환·노태우 정부의 창업촉진정책이 〈중소기업 연차보고서〉의 앞부분에서 중요하게 다뤄졌다면, 김영삼 정부의 창업 정책은 연차보고서의 끝부분에 실려있었다. 1993년 4월 국내 최초로 충북 영동에 설립된 창업보육센터도 민간에서 먼저 시작한 것이었다. 그해 12월 중소기업진흥공단 안산연수원에 제2호 창업보육센터가 문을 열었다.

김영삼 정부는 중소기업이 보호의 객체에서 벗어나 경쟁의 주체가 되어야 한다(상공자원부, 1995: 59)고 생각했으며, 창업도 단순히 중소기업의 숫자를 늘리는 창업이 아니라 기술집약형 창업을 지원해야 한다고 인식했다는 점에서, 전두환·노태우 정부에 비하면 진일보한 관점이었다. 새로운 기술과 지식을 갖춘 기술집약형 중소기업을 지원하는 정책의 비중을 높여야 하며, 개별기업을 직접 지원하는 방식이 아니라 기능별로 다수의 기업을 간접 지원하는 방식으로의 전환을 강조했다.

요컨대, 김영삼 정부의 프레임은 다음과 같다. "개방과 세계화의 시대에 중소기업의 자생력과 경쟁력이 부족하므로 자율과 창의를 토대로 글로벌 경쟁력을 갖추도록 스스로 노력해야 한다. 단순한 숫자 늘리기식의 창업 활성화가 아니라 신기술·지식집약형 중소기업의 창업 활성화가 필요하다."

위와 같은 프레임 하에서 김영삼 정부는 신기술·지식집약형 중소기업의 창업 활성화를 지원하기 위해, '벤처기업육성특별법'을 제정했다. 임기 말이었지만, 창업벤처 관련 정책 인프라의 구축이라는 점에서 필요한 조치였다. 예를 들어, 연기금의 벤처투자 허용, 외국인의 벤처투자 한도 폐지, 벤처의 주당 발행가격 100원으로 인하, 벤처투자 관련 세금 감면, 국공립 교수나 연구원의 휴직 허용, 벤처 전용단지나 벤처 집적시설의 조성 관련 규제완화 등이 포함(상공자원부, 1997: 229-233)되었다.

김영삼 정부에서 특히 잘했다고 평가받는 것은 코스닥 시장의 개설과 스톡옵션(주식매수선택권)의 도입이었다. 코스닥은 창업 투자의 커다란 장애물이었던 회수(exit) 리스크, 즉 회수 기간이 길고 회수 여부가 불투명한 리스크를 줄여주는 진일보한 정책수단이었다. 또한, 스톡옵션을 벤처기업에 허용함으로써, 월급이 아닌 주식으로 우수인력을 확보하고 유지할 수 있는 길을 열어줬다[72)]는 점에서 큰 의의가 있었다.

창업보육센터 신설도 평가받을만하다. 미숙아를 인큐베이터에서 키워내듯이, 창업 경험이 부족한 예비창업자나 초기창업 기업을 위해 창업보육센터에서 공간과 시설을 제공하고 경험과 노하우, 정보와 네트워크를 제공하는 것 역시 획기적인 정책수단이었다. 김영삼 정부 초기에 '기업활동 규제완화특별법'을 제정하여 창업이나 공장설립 관련 절차의 간소화를 추진한 점, 1996년 2월 중소기업청을 설립하여 정책의 추진력을 제고하고 정책의 안정성을 기한 점 역시 좋은 평가를 받고 있다.

결국, 김영삼 정부는 정책의 목표를 양에서 질로 전환하고, 벤처기업육성특별법 제정하고, 코스닥 시장 개설, 스톡옵션 도입, 창업보육센터 신설 등 창업벤처 관련 문제 인식의 변화를 보여줬다. 하지만, 대부분 임기 후반에 이루어짐에 따라 정책의 성과를 보기는 힘들었다.

🔵 벤처투자의 부족

김대중 정부는 위기 극복과 실업 해소, 일자리 창출을 위해 창업기업과 벤처기업에 대한 투자를 촉진하고, 코스닥 시장을 활성화해야 한다는 문제의식에서 출발했다. 그러한 인식에서 김대중 정부는 외환위기 극복을 명분으로 시장 개방과 투자 활성화로 이어지는 규제완화형 정책수단을 주로 활용했다. 위기 극복 이후 벤처 붐이 일어났지만, 미국의 IT 버블이 꺼지면서 우리의 코스닥과 벤처투자도 얼어붙었다. 그로 인해 임기 말에는 벤처 건전화와 규제강화 방안을 발표했으며, 직접형 수단과 권위형 수단을 활용할 수밖에 없었다.

이처럼 김대중 정부는 국가부도의 위기와 위기 극복, 벤처 붐과 거품 붕괴를 동시에 경험했다. 그만큼 한국경제의 기초체력이 부실했다.

대기업과 중소기업을 똑같이 중시하되 대기업은 자율성을 보장하고 중소기업은 집중적으로 지원함으로써 양자가 다 같이 발전해 나가도록 하겠습니다. …… 벤처기업은 새로운 세기의 꽃입니다. 이를 적극 육성해 고부가가치의 제품을 만들어 경제를 비약적으로 발전시켜야 합니다. 벤처기업은 많은 일자리

를 창출해 실업문제를 해소하는데도 크게 이바지할 것입니다.
('제15대 대통령 취임사' 中에서)

위 취임사를 보면, 김대중 정부는 창업보다는 벤처에 꽂혀 있었다. '벤처기업은 새로운 세기의 꽃'이며, 부가가치와 고용 창출에 있어서 핵심 역할을 해야 한다고 생각했다. 중소기업을 집중적으로 지원하여 대기업과 동시에 중요한 경제주체로 키우겠다는 시각이 들어 있었다. 벤처기업은 다가오는 21세기 지식정보사회를 책임질 주역이라면서, 고부가가치 제품을 만들고 일자리 창출과 실업문제 완화에 기여하기를 기대했다.

김대중 정부 출범 초기의 부처 업무보고를 보면, "고용을 창출하고, 실업을 예방하며, 산업기반을 튼튼히 하기 위해" 중소벤처기업의 육성이 필요하며, "9천억 원을 투입하여 3,000개의 벤처기업 창업을 지원하며, 현재 2,000개인 벤처기업을 2002년까지 2만 개로 확대"한다는 구체적 목표치를 제시했다[73].

미증유의 국가부도 위기라는 최악의 경제 여건에서, 중소기업 경영안정을 위한 긴급 지원을 서둘렀다. 외환위기로 벼랑 끝에 몰린 중소기업의 보호라는 시각을 다시 꺼내 들었고, 정부의 직접 개입이 늘어났다. 아울러, 중소벤처기업의 창업 활성화, 코스닥 활성화, 투자 촉진을 위한 정책 등을 발표했다. 교수·연구원의 실험실 창업 활성화, 엔젤 투자 활성화, 창업보육센터의 확산, 외국인 주식투자 전면 자유화 등의 파격적인 규제완화 정책이 뒤따랐다.

1997년부터 시작된 대기업의 부도와 부실 금융기관들의 파산, 그로 인한 외환위기는 한국경제의 취약한 구조를 드러냈다. 김대중 대통령은 취임사에서 당시 외환위기의 원인을 정경유착과 관치금융, 대기업들의 문어발式 확장 때문이라고 지적했다[74].

경제위기 속에서 출범한 김대중 정부만큼 중소기업과 창업 문제의 심각성을 무겁게 인식했던 정부는 없었을 것이다. 1998년도에 한국경제 역사상 두 번째 마이너스 성장률(-5.1%)을 기록했고, 1996년 0.14%에서 1997년 0.40%로 급등했던 어음부도율은 1998년도에 0.38%라는 높은 수치를 기록(중소기업특별위원회·중소기업청, 1999: 32)했기 때문이다. 부도 위기의 중소기업을 지원하는 일도 급했지만, 실업 대책 및 일자리 창출을 위해 중소벤처기업의 창업 및 육성이 그 어느 때보다 강조(중소기업특별위원회·중소기업청, 1999: 63)되었다. 그리고 창업정책의 지원대상 업종을 제조업 중심에서 모든 업종으로 대폭 확대했다. 즉, '중소기업창업지원법'의 목적 조항에 들어 있던 제조업 등이라는 표현을 삭제했고, 창업된 중소기업에 대한 투자를 촉진한다는 표현을 추가했다. 아울러, 음식-숙박-부동산업을 제외한 대부분 업종으로 지원범위를 확장했다.

다른 한편으로, 김대중 정부는 외환위기 극복을 위해 불가피하게 신자유주의적 정책들(민영화, 구조조정, 노동시장 유연화, 규제완화 등)을 추진[75]했으며, 그로 인해 비정규직의 증가, 계층 간 격차의 확대를 초래했다는 비판을 받고 있다.

요컨대, 김대중 정부의 프레임은 다음과 같다. "관치금융과 대기업의 문어발식 확장이 초래한 외환위기의 극복과 실업문제 해소, 일자리 창출을 위해 중소벤처기업의 창업을 활성화하고, 벤처투자와 코스닥을 활성화하며, 지식집약형 산업구조로 전환해야 한다."

위와 같은 프레임에 입각하여, 김대중 정부는 초기에 규제완화형 정책수단을 쏟아냈다. 하지만, 2000년 거품 붕괴 이후로는 벤처 건전화 정책 등 규제의 신설과 강화 정책을 발표했다. 냉탕에서 온탕으로, 온탕에서 냉탕으로 오가는 식이었다.

규제완화 정책을 예로 들면 다음과 같다. 벤처기업의 최소 설립자본금을 2천만 원으로 인하, 벤처 투자 대상을 기존의 광공업 중심에서 非제조업종을 포함하는 거의 모든 업종으로 확대, 코스닥 등록기업의 자기주식 취득과 일반공모를 통한 증자 허용, 교수와 연구원의 벤처기업 임직원 겸직 허용, 병역특례 전문연구요원 제도의 개선, 엔젤 투자조합의 요건 완화, 1천억 원 규모의 한국벤처투자조합(KVF) 설립, 창업투자조합의 유한책임제도 도입, 코스닥 등록기업의 세제 혜택 강화, 하루 상하한가 폭 확대, 투신사의 주식형 펀드와 연기금의 투자대상 확대(코스닥 포함) 등이다.

하지만, 벤처 거품이 꺼지기 시작한 2000년 이후에는 '벤처 건전화' 방안을 발표하면서, 규제를 신설하거나 강화했다. 창업투자회사에 대한 사후관리 강화, 벤처 및 창업투자회사 퇴출 기준 마련 등 직접적이고 권위적인 정책수단을 활용했다. 예를 들어, 창업투자회사의 자산 운용에 대한 감독 및 사후관리 강화, 법령을 위반한 창업투자회사의 등록 취소 등을 발표했다.

● 정부 의존도를 높이는 정책

노무현 정부는 중소기업의 정부 의존도를 높이는 중소기업정책에 문제가 있다, 정책의 혁신이 필요하다는 문제 인식에서 출발했다. 정책금융의 직접지원과 정부 개입으로 중소기업이 정부에 의존하게 만들었던 정책을 혁신하자는 생각이었다. 즉, 자생력과 기술력을 갖춘 혁신형 중소기업에게 필요한 성장기반을 조성하고, 벤처기업의 건전한 발전을 지원한다는 인식을 지니고 있었다. 따라서, 벤처 M&A 활성화를 통한 구조조정 지원이 노무현 정부의 첫 번째 창업벤처 정책이었고, 벤처 건전화 방안도 이어졌다. '중소기업창업지원법'의 목적 조항에 들어 있던 '투자 촉진' 문구를 삭제하고, '성장기반 조성'으로 대체했다.

> *"우리는 각 분야의 새로운 성장동력을 창출해야 합니다. 외환위기를 초래했던 제반 요인들은 아직도 극복해야 할 과제로 남아 있습니다. 시장과 제도를 세계기준에 맞게 공정하고 투명하게 개혁해, 기업하기 좋은 나라, 투자하고 싶은 나라로 만들고자 합니다."* ('제16대 대통령 취임사' 中에서)

노무현 대통령의 취임사에는 중소기업이나 소상공인에 관한 언급이 없었다. 벤처나 창업 관련 문제의식도 찾아보기 어려웠다. 단지, 시장·제도의 글로벌 스탠더드를 강조했고, 기업하기 좋은 나라, 투자하고 싶은 나라를 만들겠다는 원론적 언급에 그쳤다. 경제적 약자의 보호를 중심으로 하는 과거의 중소기업정책을 탈피하고 중소기업정책 자체를 혁신하고자 했으며, 중소기업의 경쟁력 제고를 위한 환경을 조성하려 했다.

노무현 정부는 외환위기를 유발했던 요인들(문어발식 대기업 확장, 금융감독의 문제점, 대기업들의 불공정거래 관행)이 여전히 남아 있으며, 개선해야 할 과제라고 인식[76]했다. 또한, 중소기업의 과보호 역시 문제라고 지적했다. 정책에 의존하는 중소기업을 키우는 정책 자체가 혁신의 대상이었다.

그러한 문제 인식의 연장선에서, 벤처기업의 건전한 발전이 필요하다고 인식했으며, 중소벤처기업의 창업 활성화 정책은 우선순위에서 밀려나 있었다. 창업 활성화나 벤처기업 육성과 같은 정책문제에 관한 인식은 심각하거나 무겁지 않았다.

노무현 정부는 정책자금에 의존하는 경제적 약자로서의 중소기업이 아닌 '혁신형 중소기업'을 새로운 정책 브랜드로 내세웠고, 혁신형 중소기업의 육성과 경쟁력 제고를 위한 정책들을 발표했다. 관행적으로 집행되어온 요소 투입형, 정책자금 의존형 정책에서 벗어나고자 했다. 예를 들어, 중소기업고유업종, 단체수의계약제도, 지정계열화업종 제도 등 직접적이고 인위적인 정부의 개입을 중단하고자 했으며 실제로 임기 중에 모두 폐지했다.

노무현 정부는 중소기업이 경제적 약자임을 부정하진 않지만, 과거처럼 정책금융 지원이 능사는 아니며, 기술력과 혁신역량, 자생력을 길러주는 시장친화적 정책이 근본 대책이라는 시각을 지니고 있었다[77]. 경제적 약자로서의 중소기업을 보호하고 정책금융을 쏟아부었던 과거의 방식에서 벗어나야 하며, 대덕연구단지 등을 이용해 기술개발을 지원하는 것이 더 중요하다고 주장[78]했다. 중소기업정책의 목표는 중소기업의 혁신역량 제고와 국제경쟁력 강화(중소기업청, 2003: 61)였다. 이에 따라 정책대상을 혁신형 중소기업, 일반 중소기업, 생계형 소상공인으로 구분하여 유형별 특성에 맞게 지원하고자 했다.

전임 정부의 창업촉진정책에 대해서는, "다양한 일자리 창출을 통해 IMF 외환위기 이후 구조조정에 따른 실업 인력을 흡수함으로써 실업문제를 해소하는데 크게 기여한 정책으로 평가"(중소기업청, 2003: 123)한 바 있다. 하지만, '중소기업창업지원법'의 목적 조항에 '투자의 촉진'이라는 표현을 추가했던 김대중 정부와 달리 노무현 정부는 '성장기반의 조성'이라는 보다 포괄적이고 중립적인 문구로 법률을 개정했다. 창업기업에 대한 투자, 자금지원 등을 포괄하는 '성장기반의 조성'이 중요하다는 인식이 반영된 결과다.

요컨대, 노무현 정부의 프레임은 다음과 같다. "정책금융의 직접지원과 정부 개입으로 정부에 의존하게 했던 중소기업 정책을 혁신하여, 자생력과 기술력을 갖춘 혁신형 중소기업에 필요한 성장기반을 조성하고, 벤처기업의 건전한 발전을 지원한다."

위와 같은 프레임에 입각하여, 노무현 정부는 정책수단의 설계에 있어서 새로운 시도를 했다. 지역별 협력체제의 구축과 성과연계형 지원 등의 방침을 제시(중소기업청, 2003: 61)했다. 창업벤처정책 가운데 가장 먼저 발표한 정책이 벤처기업 M&A 활성화 대책이었다. 이를 위해 주식매수청구권 행사 절차와 기준의 변경, 합병기업의 등록요건 완화, 합병의 세제상 유인 강화, 주식 양도소득세 과세 이연 등의 재정지출형, 규제완화형 정책수단을 활용했다.

두 차례에 걸친 벤처기업 활성화 대책을 통해 코스닥 시장의 가격제한폭 상향 조정, 1조 원 규모의 모태펀드 조성, 10조 원 규모의 신용보증 공급, 신기술 제품의 공공구매 확대, 코스닥의 기술특례 상장제도 도입, 코스닥 신규 등록기업의 법인세 과세 이연 등의 수단을 사용했다.

즉, 모태펀드를 통한 벤처 투자자금의 공급 방식을 간접적이고 전문적인 방식으로 변경했다는 점은 노무현 정부의 차별화 요소 중 하나다. 정부가 투자조합에 직접 출자하지 않고 모태펀드에 출자하면, 그 모태펀드가 다시 민간펀드에 출자하고, 그 민간펀드가 투자조합을 만들어 벤처기업에 투자하는 식이었다. 이를 통해 투자의 전문성을 제고하려 했다.

바우처와 같은 간접형 수단의 활용을 시도한 것도 노무현 정부였다. 당시에는 전자쿠폰, 'e쿠폰'이라고 불렀다. 물론, 중소기업상담회사의 경영지도나 창업절차 대행 비용을 정부예산으로 보조하는 사업은 1986년 중소기업창업지원법 이래 계속되고 있었으며, 1999년부터는 경영·기술 컨설팅 지원사업으로 이어져 오고 있었다. 하지만, 전자쿠폰 형식의 'e쿠폰' 지원방식을 도입한 것은 노무현 정부가 처음이었다. 그 후 이명박 정부의 지식서비스 바우처, 문재인 정부의 수출 바우처, 제조혁신 바우처, 초기창업기업을 대상으로 하는 세무회계-기술임치 바우처로 확대되었다.

전임 김대중 정부에 이어 벤처 건전화를 위한 권위형 정책수단도 계속 활용했다. 즉, 벤처캐피탈의 투명성과 신뢰성 제고를 위해 창업투자회사 평가시스템을 도입하고, 창업투자회사의 공시제도(투자, 경영성과, 법규위반 등)를 도입하고, 모니터링을 강화했다.

◆ 기업 발목을 잡는 규제

이명박 정부는 기업친화적 실용정부를 자임했으며, 불필요한 전봇대 뽑아내기를 통해, 원하는 국민 누구나 쉽게 창업하고 공장을 짓게 하겠다는 인식에서 출발했다. 시장과 경쟁, 자율과 창의의 기조 속에서 중소기업의 자생력을 제고하고, 창의와 혁신

주도의 역동적 중소기업과 '1인 창조기업'을 육성함으로써 일자리를 창출하고 경제의 활력을 되살리겠다는 생각이었다.

그러한 인식을 토대로 상법상 최소자본금 폐지, 온라인 재택창업시스템 구축 등 창업절차 간소화, M&A 활성화를 위한 규제완화, 1인 창조기업 육성, 지식서비스 바우처 제공 등 규제완화형, 간접형 정책수단을 많이 활용했다.

> *"기업은 국부의 원천이요, 일자리 창출의 주역입니다. 누구나 쉽게 창업하고 공장을 지을 수 있어야 합니다. …… 기술혁신을 추구하는 중소기업들이 활기를 가져야 합니다. 이들이 중견기업으로 성장해서 대기업들과 협력하고 경쟁하도록 돕겠습니다."* ('제17대 대통령 취임사' 中에서)

위 취임사처럼 이명박 정부는 기업이 국부의 원천이요, 일자리 창출의 주역이라고 천명한 바 있으며, 규제완화를 통해 경제의 활력을 되살리겠다고 약속했다. 창업 활성화와 창업기업의 성장(스케일업), 기업친화적 실용정부 등을 내세웠다.

임기 초에 창업절차 간소화 방안을 내실 있게 준비해서 발표했으며, 세계은행[79]에서 조사한 창업환경 평가 순위가 올라갔다. 뒤이어 발표된 기술창업 활성화 방안, 1인 창조기업 육성 방안에 대한 기업인과 전문가의 평가도 좋은 편이었다.

이명박 정부는 인수위 단계에서부터 정부의 불필요한 규제('전봇대')와 개입, 관료주의에 대한 비판적 견해를 드러냈다. 신성장동력을 발굴하고, 기업과 경제의 활력을 되살리기 위해서는 기업친화적 규제완화가 필요함을 강조했다. 동원 가능한 여러 정책수단 가운데 예산이나 자원의 투입이 많지 않으면서 정권 초기의 강한 추진력으로 실천할 수 있는 수단이 '규제완화'라고 판단한 것이다.

그 결과 출범 초기에 가장 먼저 발표한 정책이 창업절차 간소화 방안이었으며, 온라인 재택창업, 상법상 최저자본금 폐지 등이 담겼다. 이어서 1인 창조기업 육성 방안, 기술창업 활성화 방안, 창업선도대학 육성 프로그램, 청년창업과 재도전 촉진 방안 등이 추진되었다.

이명박 정부는 출범 첫해에 미국발 '글로벌 금융위기'에 직면했으며 그로 인한 국내 경기침체를 이겨내야 했다. 이에 따라, 창업 촉진과 벤처기업 활성화에 대한 필요성과 문제 인식은 다른 어느 정부보다 무겁고 심각했다고 할 수 있다.

출범 초기부터 경제살리기를 최우선의 정책과제로 제시했고, 경쟁과 시장 중심의 정책, 기업친화적 규제완화, 중소기업의 자발적이고 창의적인 혁신역량 강화(중소기업청, 2008: 46) 등의 과제와 목표를 제시했다. 5년간 모두 여덟 차례에 걸쳐 창업 활성화 대책을 발표[80]했을 정도로 정부의 정책역량을 창업 활성화에 집중시켰다.

역대 어느 정부보다 시장과 경쟁, 중소기업의 자생력 제고, 지속가능한 혁신과 벤처생태계를 강조했으며, 창의와 혁신 주도의 역동적 중소기업 육성(중소기업청, 2008: 50)이라는 비전을 제시했다.

그러한 이념, 비전, 목표 하에서 누구나 쉽게 창업하고 공장을 지을 수 있도록 관련 절차와 규제를 획기적으로 혁파하는 조치를 정부가 출범하자마자 발표했다. 취임 초부터 시장과 경쟁을 중시하고 글로벌 스탠더드를 강조했지만, 글로벌 금융위기 이후에는 대·중소기업의 상생협력과 동반성장을 강조하고, 중소기업적합업종을 부활시키는 등 중소기업에 대한 보호정책도 가미하게 되었다.

요컨대, 이명박 정부의 프레임은 다음과 같다. "불필요한 '전봇대'를 뽑아내 누구나 쉽게 창업하고 공장을 지을 수 있어야 하며, 시장과 경쟁, 자율과 창의의 기조 하에서 중소기업의 자생력을 제고하고, 창의와 혁신 주도의 역동적 중소기업과 '1인 창조기업'을 육성함으로써, 일자리를 창출하고 경제의 활력을 되살려야 한다."

이와 같은 프레임을 토대로 이명박 정부는 가장 먼저 창업 관련 절차와 비용 등의 규제완화를 선택했다. 온라인 재택창업 시스템의 구축, 상법상 최소자본금 폐지, 창업절차 간소화 등 규제완화 수단을 활용했다. 중소기업 M&A 활성화를 지원하기 위해 중소기업 M&A 센터를 지정[81]하기도 했다. 아울러, 기술창업 활성화와 기술인력 공급의 원활화를 위해 교수·연구원의 예비창업 기간에도 휴직을 허용하고, 우수 창업보육센터를 기술창업 보육의 거점으로 특성화하고, 출연연 연구원을 우수한 스타트업에 파견할 수 있도록 하는 등의 규제완화형 수단을 활용했다.

그리고, '1인 창조기업 육성법'을 제정하여 지원대상을 규정하고 지원센터를 설립하고 조세감면과 규제완화 등을 통해 전문 지식과 기술, 아이디어를 가진 사람이면 누구나 창업하기 쉽도록 뒷받침했다. 아울러, 대학 내의 창업강좌, 창업동아리, 기술창업 아카데미, 실전 창업경진대회 개최 등을 활성화하는 창업선도대학을 선정하여 지원했다.

중진공은 2011년 안산연수원 내에 청년창업사관학교('청창사')를 신설했다. 40세 미만의 예비창업자나 3년 미만 창업기업 200여 팀을 입주시켜 창업 교육, 사업모델 설계, 시제품 개발 지원, 네트워킹 등 전문 보육 서비스를 제공하기 시작했다. 창업보육센터를 처음 만들어 운영했던 노하우를 살려서 더욱 전문적이고 강화된 보육프로그램을 선보인 것이다. 아울러, 지식서비스산업의 육성을 위해 지식서비스 바우처 등의 간접형 정책수단의 활용을 시도했다.

◉ 기울어진 운동장

박근혜 정부는 대기업과 중소기업 간의 기울어진 운동장이 문제라고 인식했다. 경제민주화와 경제적 약자 보호를 강조했다. 아울러, 창업-성장-회수-재도전의 선순환 창업벤처 생태계를 구축해야 하며, 이를 위해 창업자 연대보증을 폐지하고, 재도전 안전망을 구축하고, M&A 등 회수시장을 활성화하며, 청년들의 도전과 기업가정신을 북돋워 줘야 한다는 인식을 지니고 있었다.

이를 토대로, '창업벤처 생태계' 조성을 정책과제에 포함했고, '민간투자주도형 기술창업지원' 프로그램(팁스, TIPS)을 선보였고, 코넥스 시장, 액셀러레이터, 크라우드펀딩과 같은 새로운 제도를 도입하여 창업벤처 생태계의 확장에 기여했다.

"열심히 노력하면 누구나 일어설 수 있도록 중소기업 육성 정책을 펼쳐서 대기업과 중소기업이 상생할 수 있도록 하는 것

이 제가 추구하는 경제의 중요한 목표입니다. 소상공인과 중소기업들을 좌절하게 하는 각종 불공정행위를 근절하고 과거의 잘못된 관행을 고쳐서, 어느 분야에서 어떤 일에 종사하든 간에 모두가 최대한 역량을 발휘할 수 있도록 적극 지원할 것입니다." ('제18대 대통령 취임사' 中에서)

위 취임사처럼 박근혜 정부는 경제민주화와 경제적 약자 보호를 강조했고, 대·중소기업의 동반성장과 상생협력에 방점을 두면서, 일자리 창출에 기여할 수 있는 창업벤처정책의 방향을 제시했다.

창업생태계 조성을 정책과제로 제시한 첫 번째 정부이기도 했다. 박근혜 정부의「140대 국정과제」[82]를 보면, 창업-성장-회수-재도전의 선순환 창업생태계 조성과 관련된 내용이 포함되어 있다.

즉, 창업벤처 투자 확대 및 중간 회수시장 확충, M&A 활성화, 재도전이 가능한 창업 안전망 구축, 중소기업 성장 희망사다리 구축, 기술창업 활성화, 동반성장 등 협력적 기업 생태계 조성, 해외진출 지원 등을 추진했다. 또한, 청년 정책을 기획·조정하는 청년위원회를 신설하고, 청년창업 활성화에 역점을 두었다.

앞에서도 언급한 것처럼, 박근혜 정부는 중소기업의 보호와 육성, 대·중소기업 동반성장, 대기업의 불공정거래 관행 근절 등 중소기업 문제와 창업벤처 정책문제의 중요성에 대한 인식, 피해의 심각성에 대한 인식은 다른 어느 정부에 못지않게 확고했다. 대통령 취임사에서 중소기업과 소상공인을 좌절하게 만드는 각종 불공정행위를 근절하고 잘못된 관행을 고쳐야 한다고 했다. 이처럼 중소기업과 소상공인을 경제적 약자로서 지원하고 육성할 대상으로 인식하고 있었다. 더불어, 창조경제와 과학기술에 대해 임기 내내 역점을 두었던 점에서 알 수 있듯이, 창조적 아이디어와 과학기술에 기반한 창업, 즉 기술창업과 청년창업에 관해 우호적인 시각을 지니고 있었다.

요컨대, 박근혜 정부의 프레임은 다음과 같다. "경제민주화가 요구될 정도로 불공정거래 관행이 여전하고 기업 생태계가 부실하므로, 창업-성장-회수-재도전의 선순환 창업·벤처 생태계를 구축해야 하며, 이를 위해 창조경제 확산, 기술창업과 청년창업 활성화, 연대보증 폐지, 재도전 안전망 구축, M&A 활성화 등이 필요하다."

위와 같은 프레임에 입각하여, 박근혜 정부는 선순환 창업생태계의 조성에 기여하는 인프라와 구성요소를 새롭게 선보였다. 예를 들어, 17개 시도에 창조경제혁신센터를 설립하여 창업과 성장을 지원하는 지역 플랫폼으로 정착시키려고 했다. 또한, 민간투자 주도형 기술창업지원 프로그램(TIPS)을 2013년에 처음 선보였다. 벤처기업 대표이사 관련 제2금융권 연대보증을 폐지하여 실패의 부담을 덜어줬으며, 코스닥 시장에 등록하기 어려운 초기 중소·벤처기업의 성장지원 및 모험자본 선순환 체계 구축을 위해 코넥스(KONEX, Korea New Exchange) 시장을 새로 개설하여 미등록 벤처기업의 직접금융 조달을 지원하기도 했다. 소액투자도 하고 경영자문도 하는 창업기획자 또는 창업전문PD라고 불리는 액셀러레이터(Accelerator) 제도를 도입했고, 다수의 소액투자자를 모집하여 스타트업이나 시제품, 공역, 영화 등 다양한 소자본 프로젝트에 투자하는 '크라우드펀딩'이 가능하도록 했다.

그러나, 선순환 창업생태계 조성에 긍정적인 정책수단만 활용한 것은 아니었다. 2011년 이후 사회적 이슈로 대두된 창업투자회사의 일탈과 대주주의 도덕적 해이 문제와 관련하여, 박근혜 정부 출범 초기에 벤처기업인 출신 국회의원이 벤처캐피탈 규제를 강화하는 법안을 발의[83]했다. 그로 인해 박근혜 정부에서는 전임 이명박 정부에 비해 규제를 강화하는 권위형 정책수단의 활용이 많았다는 평가를 받았다.

❯ 공급자 중심의 생태계

문재인 정부는 공급자 중심의 생태계가 문제라고 봤다. 혁신을 응원하는 창업국가 건설을 위해서는 민간과 투자 중심의 혁신 창업생태계를 조성해야 한다는 문제의식을 지니고 있었다. 이를 위해 투자 중심의 자금조달 체계, 기술창업 활성화, 연대보증 폐지, 재도전 인프라 구축 등을 추구했다. 기술력이 부족한 중소기업의 기술혁신 역량을 제고하기 위해 대기업·중견기업·중소기업이 공동으로 기술을 개발하고 협력하는 개방형 혁신(open innovation)을 강조했다. 민간과 투자 중심의 벤처생태계, 민간기관이 주도하는 벤처기업 확인제도로의 개편을 강조하는 등 정책 수요자(민간기업)가 주도하는 혁신 생태계 조성을 목표로 했다. 또한, 수출 바우처, 제조혁신 바우처, 초기창업기업을 위한 세무회계-기술임치 바우처 등을 활용했다. 그 결과 간접형, 유인형, 규제완화형 정책수단이 많이 활용되었다.

> "나라 안팎으로 경제가 어렵습니다. 민생도 어렵습니다. 무엇보다 먼저 일자리를 챙기겠습니다. 동시에 재벌개혁에도 앞장서겠습니다. 문재인 정부 하에서는 정경유착이라는 낱말이 완전히 사라질 것입니다. 지역과 계층과 세대 간 갈등을 해소하고 비정규직 문제도 해결의 길을 모색하겠습니다." ('제19

대 대통령 취임사' 中에서)

 문재인 대통령의 취임사는 분량이 많지 않았고, 내용도 키워드 중심으로 짧았고, 주요 과제를 제시하는 데 그쳤다. 창업이나 벤처에 관한 언급도 없었다[84]. 문재인 정부는 양극화의 심화를 우려하면서 경제민주화를 중요한 국정과제로 인식했다. 대기업과 중소기업의 상생협력과 공정한 거래가 미흡하다는 인식을 지니고 있었다. 또한, 낙수효과가 미흡하고 일자리 창출이 부진한 대기업 중심의 경제발전 전략에서 벗어나 중소벤처기업 육성과 창업 활성화 중심의 경제발전 전략으로 패러다임을 전환해야 한다고 생각했다. 정부 출범과 동시에 일자리위원회와 일자리 비서관을 신설했으며, 고용 창출을 중시했다. 신설 중소벤처기업부가 창업 활성화와 벤처기업 육성, 벤처투자 활성화를 통해 고용 창출에 기여해주기를 기대했다.

 문재인 정부는 임기 초에 정부조직법을 개편하여 2017년 7월 중소벤처기업부를 출범시켰다. 그만큼 중소기업, 소상공인, 창업, 일자리 창출의 문제와 그 피해를 심각하게 인식하고 있었다. 출범 초에 발표한 「100대 국정과제」속에 혁신을 응원하는 창업국가 건설[85] 등 다섯 가지 과제가 중소벤처기업부 소관이었다. 그만큼 중소기업정책과 창업정책의 중요성을 무겁게 인식하고 있었다. 또한, 2019년 일본의 갑작스런 반도체 핵심부품 수출규제, 2020년의 코로나19 바이러스의 세계적 확산 등으로 인한 경제위기 극복과 민생 안정을 위해 중소기업과 소상공인 긴급자금 지원, 중소벤처기업 창업 활성화에 계획했던 것 이상의 자원과 역량을 투입해야 했다.

이러한 문제인식 하에서 문재인 정부가 가장 먼저 발표한 정책이 혁신 창업생태계 조성방안이었다. 개방형 혁신(open innovation) 활성화, 팁스 프로그램 고도화, 모태펀드 추가 조성, 민간 중심의 벤처확인제도, 재창업과 재도전 지원 프로그램 강화, 스타트업의 글로벌 경쟁력 향상, 중소기업의 디지털화(스마트 팩토리) 지원 등을 추진했다[86].

문재인 정부는 건전한 창업생태계를 위해서는 융자나 대출 중심의 정책자금 지원 체계가 투자 중심으로 변해야 한다고 봤다. 공급자 중심의 정책이 아니라 민간이 주도하는 수요자 중심의 정책으로 이행해야 한다고 생각했다. 예를 들어, 벤처기업 유형 가운데 무늬만 벤처라는 지적을 받고 있던 공공기관 보증 및 대출 유형을 폐지했고, 민간기관(벤처기업협회)이 중심이 되는 벤처기업 확인제도로 개편했다. 여전히 재도전을 지원하는 시스템이 부족하며, 연대보증 요구가 여전히 남아 있다는 인식에서, 재도전 지원과 연대보증 폐지를 추진했다. 우리 중소기업이 스마트팩토리 확산과 디지털화, 제4차 산업혁명이라는 메가트렌드에 뒤지지 않도록 '중소기업창업지원법' 전부 개정이 필요하다고 인식했다. 즉, 창업자에서 국민 누구나로, 제조 중소기업의 창업 촉진에서 신산업·기술 창업의 촉진으로, 성장기반의 조성에서 창업생태계 조성으로, 건실한 산업구조의 구축에서 창업국가의 건설로 '중소기업창업지원법'의 목적과 대상, 체계를 모두 뜯어고치는 작업이었다.

요컨대, 문재인 정부의 프레임은 다음과 같다. "정부와 공급자 중심의 창업벤처 정책에서 벗어나, 민간과 투자 중심의 혁신 창업생태계를 조성해야 하며, 혁신을 응원하는 창업국가 건설을 위해 투자 중심의 자금조달 체계, 기술창업 활성화, 연대보증 폐지, 민간 중심의 벤처기업 확인제도, 재도전 인프라 구축 등이 필요하다."

위와 같은 프레임에 입각하여, 문재인 정부는 정책수단의 변화를 도모했다. 예를 들어, 수출 바우처, 제조혁신 바우처, 초기 창업기업을 위한 세무회계-기술임치 바우처 등 다수의 간접형 정책수단을 활용했다. 인적·물적 자원이 부족한 중소기업이 외부와 협력하여 공동으로 기술력을 향상할 수 있도록 개방형 혁신(open innovation)을 강조했다. 대기업·중견기업과의 공동 기술개발과 상생협력을 강조했다. 정부가 아닌 민간이 중심이

되고, 융자가 아닌 투자가 중심이 되는 창업벤처 생태계의 조성을 지향했다. 그 연장선상에서 민간이 주도하는 벤처기업 확인제도로의 개편, 공공기관의 보증과 대출에 의한 벤처기업 유형의 폐지 등이 이루어졌다.

대학교수, 연구원 등의 인재가 기술창업에 적극적으로 뛰어들 수 있도록 실패 부담을 줄이고자 했다. 규제 샌드박스를 도입하여 신산업 창업의 장애물을 없애고자 노력했다. 연대보증 폐지를 국정과제로 삼고 정책금융기관 연대보증을 전면 폐지했고, 정책금융기관 보유 부실채권도 소각했다. 코스닥 상장요건을 성장잠재력 중심으로 개편하고, 기관투자자의 코스닥 투자 유인을 확대했다. 벤처 M&A 활성화를 위해 세제 혜택을 강화하고, 대기업 집단으로의 편입을 유예하거나 기업형 벤처캐피탈(CVC) 설립이 가능하게 했다. 재도전-재창업 활성화를 위해 교육과 지원을 강화하고, 압류면제 재산을 확대하고, 재기 기업인의 체납액 강제징수 유예를 연장하는 등 재도전 안전망을 확충했다. 또한, 모태펀드에 추가로 출자하고 스타트업 펀드를 늘리는 등 투자 중심의 자금조달 체계로 전환하고자 했다.

위와 같이 문재인 정부에서는 민간과 투자 중심의 혁신생태계 조성을 지향하면서 간접형 수단, 역량형성형 수단, 규제완화형 수단을 활용하려고 했다.

물고기 던져주기

제4장. 디자인: '물고기 던져주기'는 그만

1. 직접형과 권위형 중심으로 출발
2. 규제완화형 중심으로 진화
3. 직접형과 권위형 중심으로 복귀
4. 간접형과 역량형성형 늘리기
5. 규제완화형과 재정지출형 늘리기
6. 다시 직접형과 권위형 중심으로
7. 다시 간접형과 역량형성형 늘리기
8. 잡은 물고기 던져주기

제4장. 디자인: '물고기 던져주기'는 그만

　이제는 정책설계(디자인)의 관점에서 정책수단의 유형과 그 변화를 들여다보려 한다. 창업벤처 정책수단의 유형이 전두환 정부부터 문재인 정부까지 어떻게 변해왔는지 추이를 살펴봤다. 그 결과, 우리 정부가 아직도 잡은 물고기[87]를 던져주는 식으로 정책의 수단과 프로그램을 설계하고 있다는 결론에 도달했다. 그런 결론에 도달하기까지의 과정을 차례대로 짚어보자.

　먼저, 직접성 정도에 따라 직접형-간접형 수단으로 분류했다. 부연하면, 직접형 수단은 정부, 공기업, 공공기관 등이 직접 개입하여 영향을 미치는 수단이다. 반면, 간접형 수단은 정책대상 스스로 규율과 유인에 따르도록 하는 수단이다.

　이어서, 통치자원의 종류와 성격에 따라 권위형-조직형-재정지출형-역량형성형-규제완화형 수단으로 분류했다. 부연하면,

첫째, 권위형 수단은 새로운 규제와 제도 도입에 필요한 개념 정의, 명령, 인허가, 제재, 구조조정, 사업영역 보호, 벌칙 강화 등의 수단이다. 둘째, 조직형 수단은 중앙정부와 지방정부, 공기업, 공공기관, 각종 위원회와 협의회 등의 집행조직을 신설하거나 강화하는 수단이다. 셋째, 재정지출형 수단은 정부 재정이 투입되는 세율 인하, 세액 공제, 조세지출, 융자, 투자, 보조금 등의 수단이다. 넷째, 역량형성형 수단은 정책대상집단인 기업의 경영역량 제고에 도움이 되는 기술개발지원, 지도, 교육, 연수, 훈련, 정보제공 등이다. 다섯째, 규제완화형 수단은 기존 법령에 따른 규제와 인허가 절차의 간소화 및 유예, 규제 특례의 적용 등이다(〈표 11〉 참고).

〈표 11〉 정책수단 유형 분류

직접성 정도에 따른 분류		통치자원의 종류와 성격에 따른 분류				
직접형	간접형	권위형	조직형	재정 지출형	역량 형성형	규제 완화형
중앙정부, 지자체, 공기업, 공공기관 등이 직접 영향을 미치는 수단	정책대상 스스로 규율과 유인에 따르도록, 간접으로 영향을 미치는 수단	법, 인허가, 명령, 제재, 영역 보호 등	직접 정부, 중앙정부, 지자체, 공기업, 공공기관, 위원회, 협의회 등	투자, 융자, 기금, 정책자금, 조세 지출 등	경영 지도, 교육, 연수, 훈련, 정보 제공 등	기존 규제와 인허가의 간소화, 특례 적용 등

〈표 12〉 창업벤처 관련 정책수단 (예시)

- 중소벤처기업진흥공단('중진공')을 통한 정책자금 직접 대출 ('융자')
- 민간 시중은행(중기 의무대출비율, 한국은행 재할인율)을 통한 간접 대출
- 신용보증과 기술보증을 활용한 보증부 (시중은행) 대출
- 창업기업, 벤처기업 등에 대한 세금 감면
- 벤처기업 확인(인증)제도 (labelling)
- 모태펀드(한국벤처투자)를 통한 '투자'
- 민간기업이나 대학에서 운영하는 창업보육센터(BI)
- 중진공에서 직접 운영하는 '창업보육센터' 및 '청년창업사관학교'
- 정부에서 민간기업에 운영을 위탁할 '청년창업사관학교'
- 창업진흥원의 종합패키지(보조금+공간+교육훈련+정보+네트워킹)
- 코스닥(기술특례상장) / 코넥스 (IPO, 주식거래, 자금조달)
- 17개 광역 시도별 '창조경제혁신센터'
- 액셀러레이터(창업기획자)
- 엔젤 투자자 및 개인투자조합
- 청년 기업가정신 교육('한국청년기업가정신재단'에 위탁)
- 청소년 비즈쿨 (중등 교육과정에서 '창업교육')

어떤 문제를 해결할 수 있는 정책프로그램이 다양하게 고안되듯이, 정책수단도 다양하게 설계되고 선택되며 진화한다. 정책수단의 유형 분류가 필요한 이유다. Vedung(1998)이 언급한 극대화 접근법(maximalist approach)에 따라서, 즉 유형화 없이 창업벤처 관련 정책수단을 모두 나열해보면 아래 〈표 12〉와 같다. 이처럼 다종다양한 정책수단 속에서 정부나 정책의 성격을 파악하기란 쉽지 않다.

반면, 정책수단을 하나하나 개체로 파악하지 않고, 조금 떨어져서 유형으로 분류하고, 그 유형의 변화 추이를 살펴보면, 잘 안 보이던 정부의 성격, 정책의 성격이 드러나기 쉽다[88].

예를 들어 아래 〈표 13〉처럼 2개 기준 7개 유형으로 분류했다고 치자. 그러면, A 정부의 창업정책은 정부가 직접 개입하는 성격이 강하고 규제를 강화하는 유형이 많은데, B 정부의 창업정책은 간접적으로 지원하는 방식이 많고 역량의 형성을 지원하는 성격이 강하다고 비교·평가할 수 있게 된다.

정책수단의 유형과 비중은 변화한다. 따라서 바람직한 변화 방향을 제시한 연구들이 많다. 그중에서 정책수단 연구의 권위자인 Christopher C. Hood의 연구를 참고했다. Hood(1986)에 따르면, 유한한 자원의 경제적 활용이라는 차원에서 소진 가능성(depletability)이 높은 유형(재정(T)형, 조직(O)형)에서 낮은 유형(정보(N)형, 권위(A)형)[89]으로의 변화가 바람직하며, 아울러, 경제주체에 대한 강제성(constraint on subject)이 높은 유형(권위(A)형, 조직(O)형)에서 낮은 유형(정보(N)형, 재정(T)형)으로의 변화가 바람직하다고 했다. 두 변화 방향을 종합하면, 정보(N)형의 증가가 가장 바람직했다. 하지만, 영국과 미국의 경우 실제로는 재정(T)형이 증가했다[90].

〈표 13〉 창업벤처 관련 정책수단의 유형별 분류 (예시)

직접성 정도에 따른 분류	
직접형	간접형
• 벤처기업 확인 요건 규정 • 투자회사 투자 공시 의무화 • 투자회사 법위반 징계 규정 • 중진공 직접 대출 • 중진공 창업보육센터 • 중진공 청년창업사관학교	• 세금 감면(조세 지출) • 보조금 지급 • 컨설팅 바우처 제공 • 보증부 대출 • 민간 창업보육센터(BI) • 민간 청년창업사관학교 • (민간위탁) 기업가정신교육

통치자원의 종류와 성격에 따른 분류				
권위형	조직형	재정지출형	역량형성형	규제완화형

• 투자회사 등록
• 벤처기업 확인
• 투자 공시
• 창업기획자 등록
• 투자조합 등록
	• 기관 신설
	• 창업민원실
	• 창조경제센터
	• 위원회,
	  심의회,
	  협의회 등
		• 보조금
		• 바우처
		• 중진공
		  직접대출
		• 보증부 대출
		• 모태펀드
		  투자
		• 세금 감면
			• 창업보육센터
			• 청년창업
			  사관학교
			• 지도, 연수, 정보
			• 기업가정신 교육
			• 청소년 비즈쿨
				• 최소자본금 폐지
				• 벤처 임직원
				  아닌 사람
				  스톡옵션
				• 교수•연구원
				  창업 휴직 허용
				• 규제 샌드박스

Hood(1986)의 연구를 이 책의 유형 분류에 맞춰 응용해본 것이 아래 〈그림 3〉이다. Hood(1986)의 정보형(N형)에 해당하는 유형은 이 책의 역량형성형(C형)이다. 따라서, 아래 〈그림 3〉에서 역량형성(C)형의 비중 증가가 가장 바람직한 방향이다. 전두환 정부부터 문재인 정부까지 40년 동안에 창업벤처 정책수단과 유형은 어느 유형에서 출발해서 어느 유형으로 변해가고 있는지, 확인해 보기로 하자.

〈그림 3〉 바람직한 정책수단 유형의 변화

정부의 간섭 (강제성)		정부 자원의 소진 가능성	
		높음 ➡	낮음
	낮음 ⬆	재정지출형(T)	역량형성형(C)
	높음	조직형(O)	권위형(A)/규제완화형(DR)

자료: Hood(1986:145) 토대로 필자 재작성
주: Hood(1986)의 정보(N)형을 역량형성(C)형으로, 재정형을 재정지출형으로 수정.

40년에 걸친 정책수단의 유형 변화를 보여주는 자료를 구하기란 쉽지 않다. 유형 변화를 보여주는 수치의 일관성과 신뢰성이 중요하기 때문이다. 따라서, 해방 이후부터 현재까지의 법률안 데이터가 충실히 구축되어있는 국회 의안정보시스템을 활용했다. 그중에서 창업벤처 관련 법률안 데이터를 활용하여 정책수단의 유형을 분류하고 그 변화 추이를 살펴봤다. 법률안과 같은 질적인 자료를 통계분석, 실증분석이 가능한 양적인 자료로 변환하는 프로세스는 아래 〈그림 4〉에 정리해 두었다.

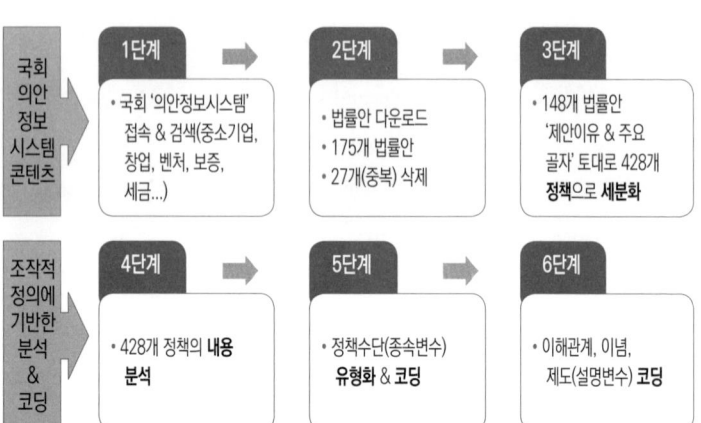

〈그림 4〉 법률안에서 정책과 정책수단 유형을 추출

◆ 직접형과 권위형 중심으로 출발

 최초의 창업지원 프로그램은 1984년에 시행된 창업조성지원사업이다. 중소기업진흥공단에서 비교적 저리의 정책자금을 창업 1년 미만의 기업에게 융자해주는 프로그램이었다. 1984년 12개 회사에 10억 원, 1985년 21개 회사에 30억 원의 저리 융자를 제공했다. 또한 국책은행(중소기업은행, 국민은행)과 신용보증기금, 네 개의 신기술사업투자회사[91]도 창업기업에 대한 금융지원에 동참했다(1984년 141사, 103억 원; 1985년 175사, 253억 원). 선별된 소수 기업에게 낮은 이자율의 자금을 대출해주는 것이 장점이었지만 흔히 볼 수 있는 상품이었으므로 획기적이라 할 수는 없었다.

저금리 대출을 선별된 소수의 기업에게 제공하는 창업조성지원사업의 한계를 보완하고, 더 많은 창업기업을 지속적으로 지원하려면 보다 안정적이고 규모가 큰 창업지원 전용 기금이 필요했다. 나아가, 융자가 아닌 '투자'를 중심으로 하는 자금조달체계의 구축이 필요했다. 중앙과 지방의 집행조직의 연결망을 촘촘히 짜야 했다. 이런 필요에 따라 1986년 '중소기업창업지원법'이 제정되었다. 창업투자회사와 중소기업상담회사가 지원을 받으려면 정부에 등록해야 하고, 시군구 창업민원실을 설치하는 등의 직접형 수단이 많았다.

물론, 전두환·노태우 정부의 시기에도 투융자 자금의 제공, 세제 감면 등 간접형 수단이 있었다. 투자, 융자, 세금감면(재정지출형) 등 강제성이 약한 유형도 있었다. 하지만 인허가, 명령, 규제의 도입(권위형) 등 강제성의 정도가 강한 유형이 많았다.

전두환·노태우 정부 시기의 중소기업진흥법 개정안, 중소기업창업지원법 제정안 등에 포함된 정책을 추출하고 정책수단의 유형을 분류해 보면, 전체(14개) 가운데 직접형(11개, 78.6%)이 간접형(3개, 21.4%)보다 훨씬 많았다[92]. 그리고, 통치자원의 종류와 성격에 따라 분류해 보면, 권위형(6개, 42.9%)이 가장 많고, 재정지출형(4개, 28.6%), 조직형(2개, 14.3%), 규제완화형(2개, 14.3%)의 순이었다. 이처럼 전두환·노태우 정부 시기에 '직접형'과 '권위형' 정책수단의 비중이 높은 것은 창업정책의 초기에 법과 제도, 조직 등 새로 도입하는 정책 인프라의 정비 과정에서 직접성과 강제성이 강한 수단을 다수 활용한 것으로 해석된다.

◆ 규제완화형 중심으로 진화

김영삼 정부 시기에 역대 정부 최초로 창업보육센터가 설립됐다. 저렴하게 공간과 설비를 이용하고 정보와 경험을 공유할 수 있어 창업기업의 역량형성에 기여했다. 창업보육센터의 민간 운영자에게 창업지원기금에서 시설자금을 융자해주기도 했다. 1993년 ㈜중부산업컨설팅이 충북 영동에 '중부산업보육센터'를 세웠고 13개 업체가 입주했다. 중소기업진흥공단이 안산연수원에 창업보육센터를 설립하여 24개 업체가 입주했다. 또한, 창업 관련 규제완화와 창업보육센터의 설립 근거를 담은 '중소기업창업지원법 개정안'(1994년)이 발의되었고, 기존 중소기업의 벤처기업으로의 전환과 벤처기업 창업을 지원하는 내용을 담은 '벤처기업육성특별법 제정안'('97년 7월)이 통과[93]되었다. 두 법률안에 내포된 정책의 수단 유형을 분류한 결과를 보면, 창업 관련 인허가 일괄처리 확대, 벤처기업 1주당 발행가 규제완화, 투자 관련 규제완화, 교수·연구원의 휴직 관련 규제완화, 국공유지 활용 관련 규제완화, 각종 부담금 관련 규제완화 등 '규제완화형' 수단이 다수를 차지하고 있다.

위와 같이 김영삼 정부 시기에 국회에 제출된 창업벤처 관련 법률안을 분석하여 그 속에 내포된 정책을 추출하고 정책수단의 유형을 분류해 보면, 전체(27개) 중에서 직접형 수단(23개, 85.2%)이 간접형 수단(4개, 14.8%)을 압도했다. 통치자원의 종류와 성격에 따라 분류해 보면, 규제완화형 수단(13개, 48.1%)이 가장 많았다. 이어서 권위형(8개, 29.6%), 재정지출형(4개, 14.8%), 조직형(2개, 7.4%)의 순이었다.

김영삼 정부의 정책수단 유형을 전두환·노태우 정부와 비교해보면, 두 시기 모두 직접형 수단이 간접형 수단보다 훨씬 더 많았다. 통치자원의 종류에 따른 분류를 해보면, 전두환·노태우 정부 시기에는 권위형 수단이, 김영삼 정부 시기에는 규제완화형 수단이 다수였다[94].

❯ 직접형과 권위형 중심으로 복귀

김대중 정부는 출범 초기 위기극복과 실업 해소를 명분으로 벤처투자 확대와 코스닥 시장의 활성화에 역점을 두었고 그 연장선상에서 규제완화형 수단을 다수 활용했다. 예를 들어, 투자조합의 유한책임제 도입, 합작투자 형식의 한국벤처투자(KVF) 설립, 벤처투자 관련 세금 감면, 퇴직자와 대학생 창업교육 활성화 등이 활용되었다. 창업보육센터, 벤처기업 집적시설 지정, 엔젤투자, 벤처캐피탈, 창업투자조합이 급증했다. 하지만, 2000년 이후에는 벤처 거품의 붕괴와 벤처 관련 비리의 사회문제화로 인해 벤처 건전화 방안을 발표하는 등 규제를 신설하고 강화하는 권위형 수단을 활용할 수밖에 없었다.

김대중 정부 당시 발의된 법률안을 분석하여 그 속에 포함된 정책을 추출하고, 정책수단의 유형을 분류해 보면, 전체(31개) 가운데 직접형 수단(30개, 96.8%)이 간접형 수단(1개, 3.2%)을 압도했다. 통치자원의 종류와 성격에 따라 분류해 보면, 권위형(16개, 51.6%)이 가장 많았고, 규제완화형(12개, 38.7%)이 두 번째로 많았다. 이어서 조직형(2개, 6.5%), 재정지출형(1개, 3.2%)의 순이었다.

김대중 정부의 정책수단 유형을 전임 전두환·노태우 정부, 김영삼 정부와 비교해보면, 세 시기 모두 직접형 수단이 간접형 수단보다 압도적으로 많았다.

통치자원의 종류에 따라 분류해 보면, 전두환·노태우 정부와 김대중 정부는 권위형 수단이, 김영삼 정부는 규제완화형 수단이 가장 많았다. 전두환·노태우 정부, 김영삼 정부, 김대중 정부 모두 직접형이 압도적으로 많다는 공통점을 지녔지만, 김대중 정부는 권위형이 다수를 차지했던 전두환·노태우 정부의 정책 수단 유형과 비슷하다. 전임 김영삼 정부에서 규제완화형 수단의 비중이 커졌지만, 김대중 정부에서 다시 권위형 수단의 비중이 많아짐에 따라 전두환·노태우 정부의 시기와 비슷해졌다는 아쉬움을 준다. 2000년 이후 벤처와 코스닥의 거품이 꺼지면서 벤처 건전화를 위해 '권위형' 수단을 다수 사용할 수밖에 없었기 때문이라고 해석된다. 이민화·최선(2015)은 김대중 정부 말기의 과도한 '벤처 건전화' 정책으로 인해, 미국과 달리 한국은 벤처생태계의 재도약이 늦어졌다고 평가하기도 했다.

그럼에도 불구하고, 2024년의 시점에서 다시 평가해본다면, 1999년을 전후하여 조성된 1차 벤처 붐 시기를 경험한 네이버, 넥슨, 다산네트웍스, 주성엔지니어링 등 1세대 벤처기업들이 살아남고 성장하여 2024년 현재 창업벤처 생태계의 든든한 뿌리와 맏형 역할을 하고 있음을 부인할 수는 없다. 개인이든 대통령이든, 정부든 정책이든 공은 공대로 과는 과대로 평가받아야 한다.

◐ 간접형과 역량형성형 늘리기

노무현 정부는 중소기업의 정부 의존도를 높이는 정책의 문제점을 지적하고 정책 혁신을 강조했으며, 정책수단의 활용에 있어서도 혁신적인 시도를 했다. 예를 들어, 정부가 출자한 모태펀드[95]가 민간 투자조합에 출자하고, 민간 투자조합이 벤처에 투자하는 간접투자 방식을 도입했다. 대규모 모태펀드 출자와 신보·기보를 활용한 대출보증 공급으로 벤처 재도약의 기틀을 마련(벤처기업협회, 2015)했다. 중소기업 컨설팅에 있어서도 기존과 달리 e쿠폰 등 간접형 수단을 선보이기도 했다.

노무현 정부의 '중소기업창업지원법' 개정안에 반영된 정책들을 보면 권위형 수단도 제법 많다. 이는 전임 정부 말의 벤처 건전화 정책을 이어받아, 창업투자회사의 투명성과 신뢰성을 제고하기 위한 조치를 했기 때문이다. 예를 들면, 창업투자회사에 대한 평가시스템과 공시제도 강화, 법 위반 시의 제재 도입과 강화 등이 이루어졌다.

반면, 노무현 정부의 '벤처기업육성특별법' 개정안에 반영된 정책들을 보면 권위형 수단보다 규제완화형 수단의 비중이 높다. 노무현 정부 초기에는 벤처 M&A 활성화 대책을 추진했고 중후반에는 두 차례에 걸쳐 벤처 재도약을 위한 정책을 발표하면서 규제완화형 수단이 다수 포함된 것으로 해석된다. 예를 들어, 벤처 M&A 활성화를 위해 주식매수청구권 행사 절차·기준 변경, 합병기업의 등록요건 완화, 합병의 세제상 유인 강화 등 규제완화형 수단을 다수 활용했다. 코스닥 시장의 가격제한폭 상향 조정, 1조 원 규모의 모태펀드 조성, 10조 원 규모의 보증 공급, 코스닥 신규 등록기업의 법인세 과세 이연 등의 규제완화형 수단도 추가되었다.

아울러, 전임 정부(1999년)부터 시작된 경영·기술 컨설팅 지원사업을 이어받아 'e쿠폰'과 같은 간접형 정책수단을 새롭게 활용[96]했다. 이것이 이명박 정부의 지식서비스 바우처, 문재인 정부의 제조혁신 바우처로 이어지는 계기가 되었다.

또한, 양적으로 팽창한 창업보육센터의 전문화와 체계화, 고도화를 시도했다. 주로 시설과 창업공간을 제공하는 하드웨어적 지원기관에서 벗어나 경험과 노하우가 부족한 스타트업에게 기술과 경영정보를 함께 제공하는 종합보육기관(역량형성형)으로 변모하도록 법을 개정했다. 전국 주요 대학에 '창업대학원 설립'

을 지원하여 기업가정신교육과 창업 전문가 양성을 지원하고, 신기술제품의 공공구매를 확대하고, 코스닥의 기술특례상장 제도를 도입하는 등 역량형성형 수단을 활용했다.

노무현 정부 시기에 발의된 법률안을 분석하여 그 속에 내포된 정책을 추출하고 정책수단 유형을 분류해 보면, 전체(61개) 가운데 직접형 수단(56개, 91.8%)이 간접형 수단(5개, 8.2%)을 압도한다. 통치자원의 종류와 성격에 따라 분류해 보면, 규제완화형 수단(30개, 49.2%)이 가장 많고 권위형 수단(22개, 36.1%)이 두 번째다. 이어서, 재정지출형 수단(4개, 6.6%), 역량형성형 수단(3개, 4.9%), 조직형 수단(2개, 3.3%)의 순이다.

노무현 정부의 정책수단 유형을 전임 정부들(전두환·노태우 정부, 김영삼 정부, 김대중 정부)과 비교해보면, 모든 시기에 공통적으로 직접형 수단이 간접형 수단보다 압도적으로 많다. 통치자원의 종류에 따라 분류해 보면, 전두환·노태우 정부는 권위형, 김영삼 정부는 규제완화형, 김대중 정부는 권위형, 노무현 정부는 규제완화형이 가장 많다. 노무현 정부는 앞선 세 정부와 마찬가지로 '직접형'이 압도적으로 많다는 공통점을 지녔지만, '규제완화형'이 많다는 점에서는 김영삼 정부와 비슷하다고 할 수 있다.

◐ 규제완화형과 재정지출형 늘리기

 이명박 정부는 역대 어느 정부보다 기업친화적 규제완화(전봇대 뽑기)를 강조했다. 그러다 보니 정책수단의 유형 구성에 있어서도 전임 노무현 정부와 많이 달랐다. 이명박 정부는 간접형 수단을 더 많이 활용했고, 권위형 수단은 더 적게 활용했음과 아울러 규제완화형과 재정지출형 수단을 자주 활용했다.

 예를 들어, 상법상 최저자본금 폐지, 사업자등록증 발급기간 단축 등 창업절차 간소화와 비용부담 감면을 위한 규제완화형 수단을 활용했다. 교수·연구원의 예비창업 기간에도 휴직을 허용하고, 우수 창업보육센터를 기술창업 보육의 거점으로 특성화하고, 출연연 연구원을 우수한 스타트업에 파견할 수 있도록 하는 등 규제완화형 수단을 많이 활용했다. 아울러 '1인 창조기업' 육성법을 제정했다. 그 지원대상을 규정하고, 지원센터를 설립하고, 조세감면과 규제완화 등을 통해 전문 지식과 기술, 아이디어를 가진 누구나 창업하기 쉽도록 뒷받침했다. 2011년 초에 시작한 '창업선도대학' 프로그램에는 대학 내 창업강좌와 창업동아리, 예비 기술창업자 육성, 기술창업 아카데미, 창업경진대회 등이 포함됐다.

 이명박 정부 시기에 발의된 법률안을 분석하여 그 속에 내포된 정책을 추출하고 정책수단의 유형을 분류해 보면, 전체(74개) 가운데 직접형 수단(64개, 86.5%)이 간접형 수단(10개, 13.5%)을 압도했다. 통치자원의 종류와 성격에 따라 분류해 보면, 규제완화형 수단(32개, 43.2%)이 가장 많았고 권위형 수단(20개, 27.0%)이 두 번째로 많았으며, 다른 정부와 달리 조세감면 등 재정지출형 수단(13개, 17.6%)의 비중도 상당히 컸다. 2008년의 글로벌 금융위기에 대응하여 금융 및 세제 지원을 다수 활용한 것으로 해석된다. 이어서 역량형성형 수단(7개, 9.5%), 조직형 수단(2개, 2.7%)의 순이었다.

이명박 정부의 정책수단 유형을 전임 정부(전두환·노태우 정부, 김영삼 정부, 김대중 정부, 노무현 정부)와 비교해보면, 모두 '직접형'이 간접형보다 압도적으로 많다. 또한, 통치자원의 종류에 따라 분류해 보면, 전두환·노태우 정부와 김대중 정부는 권위형이 많고, 김영삼 정부, 노무현 정부, 이명박 정부는 규제완화형이 많다. 전두환·노태우 정부부터 이명박 정부까지 다섯 시기 모두 직접형이 압도적으로 많다는 공통점을 지녔지만, 전두환·노태우 정부와 김대중 정부는 권위형이 다수를 차지한다는 점에서 유사하고, 김영삼 정부, 노무현 정부, 이명박 정부는 규제완화형 수단이 다수라는 점에서 유사하다.

● 다시 직접형과 권위형 중심으로

박근혜 정부는 경제민주화를 강조했고 창조경제라는 새로운 비전을 내세웠지만, 정책수단의 유형은 직접형 수단과 권위형 수단 중심으로 되돌아갔다.

그러나, 창업생태계의 조성이라는 내용적 측면에서는 진일보했다. 민간이 먼저 투자하고 정부가 나중에 투자하는 민간주도형 기술창업지원 프로그램인 팁스(TIPS)를 도입하고, 액셀러레이터와 크라우드펀딩을 허용하는 등 선순환 창업생태계의 조성에 기여했다[97]. 하지만 내용이 아니라 수단이 문제였다. 예를 들어, 박근혜 정부 시기에 발의된 '중소기업창업지원법'을 분석해보면 권위형 수단의 비중이 높다. 전임 이명박 정부 시기인 2011년부터 사회적 이슈로 대두된 벤처캐피탈 대주주의 도덕적 해이에 대처하기 위해, 규제를 신설하고 강화하는 등 '권위형' 수단을 다수 활용했기 때문으로 해석된다.

박근혜 정부 시기에 발의된 창업벤처 관련 모든 법률안을 분석하여 그 속에 내포된 정책을 추출하고 정책수단 유형을 분류해 보면, 전체(105개) 가운데 직접형 수단(98개, 93.3%)이 간접형 수단(7개, 6.7%)보다 압도적으로 많다. 통치자원의 종류와 성격에 따라 분류해 보면, 권위형 수단(50개, 47.6%)이 가장 많고, 규제완화형 수단(25개, 23.8%)이 두 번째다. 이어서 역량형성형 수단(13개, 12.4%), 재정지출형 수단(12개, 11.4%), 조직형 수단(5개, 4.8%)의 순이다.

박근혜 정부의 수단 유형을 전임 정부들과 비교해보면, 전두환·노태우 정부부터 박근혜 정부까지 모든 정부가 직접형(물고기 던져주기 유형) 수단의 비중이 압도적으로 높다. 그리고, 통치자원의 종류에 따라 분류해 보면, 전두환·노태우 정부, 김대중 정부와 비슷하게 권위형 수단이 다수를 차지하고 있다.

이처럼 박근혜 정부에서 다시 직접형 수단과 권위형 수단이 많아진 것은 창업투자회사의 불법 투자와 창투사 대주주의 도덕적 해이 때문이었다. 임기 초반에 벤처기업인 출신 국회의원 등에 의해 '중소기업창업지원법' 개정안[98]이 제출되었고, 이로 인해 창업투자회사의 관리를 강화하고, 위법행위와 도덕적 해이를 예방하기 위해 규제를 강화하는 등 직접형, 권위형 수단이 증가했다.

❷ 다시 간접형과 역량형성형 늘리기

문재인 정부는 창업벤처 관련 정책수단에 있어서도 차별화를 추구했다. 정책의 기조를 민간과 투자 중심으로, 정책수요자 중심으로 전환하려고 했으므로, 자연스럽게 정책수단의 활용에 있어서도 간접형, 역량형성형, 규제완화형을 많이 활용하려고 했다.

예를 들어, 기술임치 바우처 등 새로운 바우처를 도입하여 간접형 수단을 널리 활용했고, 정부와 공공기관 중심으로 운영하던 벤처기업 확인제도를 민간기관과 민간 전문가들 중심으로 전환했다. 여러 법률에 분산된 벤처투자 관련 조항을 통합하여 '벤처투자촉진법'을 제정했고, 이를 통해 투자 실적과 전문성을 갖춘 전문 개인투자자(전문 엔젤투자자) 제도를 도입했다. 벤처 M&A 활성화의 일환으로 당시 미국에서 정착 단계에 있던 '조건부 지분인수계약(SAFE)' 제도를 국내에서도 활용할 수 있게 허용했다. 아울러, 그동안 금지했던 창업기획자(액셀러레이터)의 벤처투자조합 결성도 허용했다.

위와 같이 문재인 정부 시기에 발의된 법률안을 분석하여 그 속에 내포된 정책을 추출하고 정책수단의 유형을 분류해 보면, 전체(116개) 가운데 직접형 수단(106개, 91.4%)이 간접형 수단

(10개, 8.6%)보다 압도적으로 많다. 통치자원의 종류와 성격에 따라 분류해 보면, 권위형 수단(38개, 32.8%), 규제완화형 수단(31개, 26.7%), 재정지출형 수단(20개, 17.2%), 역량형성형 수단(20개, 17.2%), 조직형 수단(7개, 6.0%)의 순이다. 권위형 수단이 가장 많고 규제완화형, 재정지출형, 역량형성형 수단이 뒤를 이었다.

문재인 정부의 정책수단 유형을 전임 정부와 비교해보면, 다른 모든 정부와 마찬가지로 '직접형' 수단이 압도적으로 많다. 통치자원의 종류에 따라 분류해 보면, '권위형' 수단이 가장 많다. 하지만, 권위형 수단과 규제완화형 수단, 재정지출형 수단, 역량형성형 수단과의 격차가 크지 않다는 점에서 다른 정부와 차별화된다.

❯ 잡은 물고기 던져주기 (창업벤처 40년 종합)

문제가 복잡해지면 해법도 정교해져야 한다. 그 결과, 하나의 정책이나 사업에 여러 정책수단이 조합(tool mix)되는 경우를 흔히 볼 수 있다. 창업벤처 관련 정책수단의 조합이 전두환 정부부터 문재인 정부까지 최근으로 올수록 풍부해지고 복잡해졌다.

우리나라 최초의 창업지원 프로그램이었던 1984년의 '창업조성지원사업'은 중소기업은행, 국민은행, 신용보증기금 등 국책금융기관의 저금리 대출이 중심이었다. 세제 지원과 중진공의 교육, 연수 등 정보 제공이 추가되었다. 1986년 '중소기업창업지원법'이 제정되면서 투자, 조직, 규제완화 등의 정책수단이 추가되었다. 같은 해에 '신기술사업금융법'이 제정되면서 '기술신용보증'(대출보증)이 덧붙여졌다.

김영삼 정부에서는 시설, 공간, 정보, 네트워크 등을 함께 제공하는 창업보육센터가 추가되었다. 코스닥 시장이 개설되었고 스톡옵션을 도입했다. '벤처기업육성특별법' 제정으로 엔젤 투자, 벤처기업 확인제도, 벤처기업 관련 세제 지원 등이 추가되었다.

김대중 정부는 외환위기의 중요한 발생 원인 중 하나가 대기업 편중의 압축성장전략이라고 판단했다. 벤처 육성과 창업의 중요성을 절감했다. 코스닥 시장의 활성화와 벤처투자 활성화를 위한 규제완화에 매진했다. 판교 등의 벤처집적시설 지원이 추가되었다. 한국벤처투자와 같은 투자전문기관이 설립되는 등 투자의 양적 팽창이 이루어졌다.

노무현 정부는 중소기업의 정부 의존도를 낮추는 정책 혁신을 추구했다. 간접형 모태펀드, 기술특례 상장, 간접형 'e쿠폰'의 지급 등 새로운 유형의 정책수단을 활용했다.

이명박 정부에서는 최소자본금 폐지와 같은 과감한 규제완화가 추진되었다. 지식서비스 바우처, 청년창업사관학교와 같은 새로운 정책수단이 도입되었다.

박근혜 정부에서는 17개 광역 시도별 창조경제혁신센터 신설, 코넥스 시장 개설, 크라우드펀딩 허용, 액셀러레이터 제도 신설, 팁스(TIPS)와 같은 새로운 수단이 추가되었다.

문재인 정부에서는 대기업과 중견기업의 투자 참여 허용, 대·중소기업의 상생협력, 정책자금의 연대보증 폐지, 초기창업기업을 위한 서비스 바우처 제공 등의 수단이 추가되었다. 창업진흥원의 법정 기관화, 중기청의 중기부로의 승격 등 조직형 수단도 강화되었다.

앞에서 살펴본 것처럼 전두환 정부부터 문재인 정부까지 시기별로 정책수단의 유형(숫자, 비중)이 어떻게 변화해왔는지를 하나의 표로 요약·정리한 것이 〈표 14〉이다.

먼저, 직접성 정도에 따라 '직접형' 수단과 '간접형' 수단으로 분류했을 경우, 전두환·노태우 정부부터 문재인 정부까지 모두 '직접형'이 압도적 다수(평균 90.7%)였다. 전체적으로 직접형과 간접형이 9대1의 비율이었다. 직접형 수단의 비중을 보면 김대중 정부에서 96.8%에 달해 가장 높았고, 전두환·노태우 정부에서 78.6%로서 가장 낮았다. 이처럼 김대중 정부에서 직접형 수단의 비중이 가장 높았던 까닭은 외환위기의 극복 과정에서 그리고 벤처 거품의 붕괴를 수습하는 과정에서 정부의 직접 개입과 규제강화 정책이 다수 활용되었기 때문이다.

〈표 14〉 시기별·분류기준별 정책수단 유형의 변화 추이

(단위: 개, %)

유형 시기	직접성 정도		計	통치자원의 종류·성격				
	직접형	간접형		권위형	조직형	재정 지출형	역량 형성형	규제 완화형
전·노 정부	11	3	14	6	2	4	0	2
	78.6	21.4	100.0	42.9	14.3	28.6	0.0	14.3
김영삼 정부	23	4	27	8	2	4	0	13
	85.2	14.8	100.0	29.6	7.4	14.8	0.0	48.1
김대중 정부	30	1	31	16	2	1	0	12
	96.8	3.2	100.0	51.6	6.5	3.2	0.0	38.7
노무현 정부	56	5	61	22	2	4	3	30
	91.8	8.2	100.0	36.1	3.3	6.6	4.9	49.2
이명박 정부	64	10	74	20	2	13	7	32
	86.5	13.5	100.0	27.0	2.7	17.6	9.5	43.2
박근혜 정부	98	7	105	50	5	12	13	25
	93.3	6.7	100.0	47.6	4.8	11.4	12.4	23.8
문재인 정부	106	10	116	38	7	20	20	31
	91.4	8.6	100.0	32.8	6.0	17.2	17.2	26.7
총계	388	40	428	160	22	58	43	145
	90.7	9.3	100.0	37.4	5.1	13.6	10.0	33.9

둘째, 통치자원의 종류와 성격에 따라 분류해 보면, 모든 시기를 통틀어 권위형 수단(37.4%)이 가장 많았다. 규제완화형 수단(33.9%)이 두 번째였고, 이어서 재정지출형 수단(13.6%), 역량형성형 수단(10.0%), 조직형 수단(5.1%)이 뒤를 이었다.

인허가와 규제의 신설·강화 같은 '권위형' 수단은 김대중 정부, 박근혜 정부, 전두환·노태우 정부의 시기에 가장 많았고, '규제완화형' 수단은 노무현 정부, 김영삼 정부, 이명박 정부의 시기에 많았다. 권위형과 규제완화형에 이어 세 번째로 많이 활용된 정책수단 유형은 정책자금과 조세감면 같은 '재정지출형'이었다(13.6%). 미증유의 경제위기에 직면한 김대중 정부에서는 재정지출형 수단의 활용이 3.2%에 불과했다. 그 이후 재정지출형 수단의 비중은 증가 추세를 보이고 있다. 정보제공, 교육, 연수, 기술지원 등 '역량형성형' 수단의 비중은 네 번째 순위에 불과하여 높은 편은 아니지만, 노무현 정부(4.9%)부터 문재인 정부(17.2%)까지 4개 정부 연속 증가하고 있다. 공공기관과 정부위원회 등 조직을 신설하고 활용하는 조직형 수단은 5.1%로서 5개 유형 가운데 가장 낮은 비중을 차지하고 있다.

이 5가지 유형을 Hood(1986)처럼 4가지 유형으로 재분류하고, 4개 유형별 변화 추이를 분산형 차트로 그려본 것이 〈그림 5〉다. 강제성이 강한 편이고 자원의 소진 가능성은 낮은 편이라는 점에서 권위(A)형과 규제완화(D)형을 같은 그룹으로 묶어 우측 하단에 위치시켰다. 필자가 입법부와 행정부에 근무한 경험에 비추어 보면, 규제완화란 법률이나 시행령에 기초하는 권위적 성격이 강하며, '재규제(re-regulation)' 혹은 '정부 통제의 재조직화(re-organization)'라는 전문가들의 견해[99]에 공감할 수밖에 없기 때문이다.

〈그림 5〉 정책수단 유형별 변화 추이

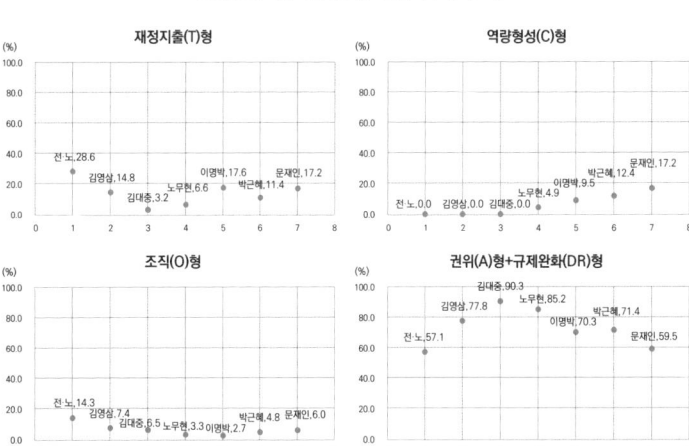

앞에서 언급했듯이, 우리 창업벤처정책의 경우 〈그림 5〉에서 우측 상단에 위치한 역량형성(C)형 수단의 비중 증가가 바람직하다. 좌측 상단의 재정지출(T)형과 우측 상단의 역량형성(C)형은 증가 추세를 보이지만 모두 20% 미만이다. 우측 하단의 권위

(A)형과 규제완화(D)형의 합은 김대중 정부(90.3%)를 정점으로 감소하는 추세지만, 문재인 정부 59.5%로 여전히 과반을 점유하고 있다. 좌측 하단의 조직(O)형은 문재인 정부 6.0%로 아주 미미하다.

〈그림 5〉를 참고하여, 우리나라 창업벤처 정책수단의 바람직한 변화 방향과 현재 위치를 그려 본 것이 〈그림 6〉이다. 앞에서도 언급한 것처럼, 정책수단의 이상적인 변화 방향은 우측 상단의 역량형성(C)형 수단이 늘어나는 것이지만, 실제 영국과 미국은 좌측 상단의 재정지출(T)형 수단의 비중이 커졌다. 그리고, 앞에서 살펴본 우리 창업벤처 정책수단의 유형 변화를 종합해 보면, 권위(A)형 수단과 규제완화(D)형 수단이 가장 큰 비중을 차지하고 있다. 즉, 현재 우리의 창업벤처 정책수단은 그 무게중심이 우측 하단에 있다. 저성장 추세의 지속과 복지지출의 증가, 포퓰리즘 정책의 증가 등을 고려한다면, 우리도 영국이나 미국처럼 재정지출(T)형 수단의 비중이 늘어날 것이다. 하지만, 창업생태계의 활력을 제고하고, 창업기업의 자생력과 경쟁력을 강화하려면 역량형성(C)형 수단의 비중 증가가 바람직하다.

〈그림 6〉 정책수단 유형의 바람직한 변화와 현재 위치

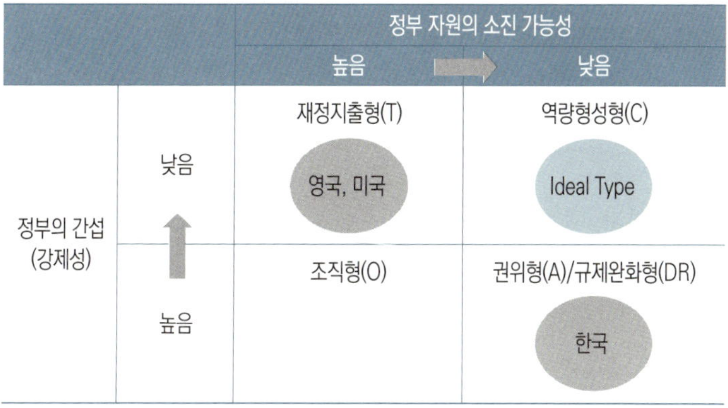

		정부 자원의 소진 가능성	
		높음 →	낮음
정부의 간섭 (강제성)	낮음	재정지출형(T) 영국, 미국	역량형성형(C) Ideal Type
	높음	조직형(O)	권위형(A)/규제완화형(DR) 한국

자료: Hood(1986:145) 토대로 필자 작성

김대중 정부의 경우 외환위기 극복과 벤처 거품 붕괴의 수습을 명분으로 직접형과 권위형 수단을 많이 활용했다. 따라서, "창업벤처정책을 위기극복의 수단으로 활용하는 정부일수록 직접형 수단을 더 많이 활용할 것"이라는 추론에 부합했다. 하지만, "최근으로 올수록 간접형과 규제완화형의 비중이 증가할 것"이라는 추론에는 들어맞지 않았다. 또한, 2개 유형 중에서는 직접형이 91%를 차지하고 있으며, 5개 유형 중에서는 권위형이 가장 높다. 따라서, "현재는 간접형과 규제완화형이 다수일 것"이라는 추론에도 부합하지 않았다. 그리고, 역량형성형의 비중이 평균 10.3%에 불과하므로, "기업 대상의 정책이므로 역량형성형 비중이 상당히 높을 것"이라는 추론에도 부합하지 않았다.

결국, 우리 정부의 정책 디자인이 '전통적 국정관리'(Salamon, 2002:9)에 머물고 있으며, '新국정관리'(new governance)로 이행하려면 아직 멀었다고 할 수밖에 없다. 요컨대, 창업벤처 관련 법률안을 분석하여 그 속에 내포된 정책의 수단 유형을 분류해 본 결과, '잡은 물고기 던져주기' 방식과 유사한 직접형 수단과 권위형 수단이 다수를 차지하고 있다. 창업벤처 정책의 수단 설계(design)와 수단 조합(tool mix)이 이러한 현실에서 창업기업과 창업벤처 생태계의 활력 제고는 요원할 것이다.

물고기 던져주기

제5장. 거리두기

1. 정책선도자, 누구?
2. 너무 가까워진 정부기관-이익집단
3. 정부를 키우는 신자유주의
4. 의원입법의 양은 급증했지만
5. 정부-시장-시민단체의 삼각구도

제5장. 거리두기

코로나19 이후 '거리두기'에 익숙해졌다. 2020년 연초부터 바이러스의 확산을 막기 위해 각종 매체에서 대대적으로 거리두기를 강조했기 때문이다. 이 책에서도 정부와 시장 간의 거리두기를 강조하고 있다. 범위를 좁혀서 말하자면, 창업벤처 관련 정부기관과 협회 등 이익집단 사이의 거리두기다. 우리나라 창업벤처 정책수단의 유형(종속변수)과 이해관계, 이념, 제도, 정책선도자 등 설명변수의 관계를 분석해 본 결과, 이해관계와 정책수단 유형의 상관관계가 가장 분명하게 드러났다. 창업벤처 관련 이익집단과의 적절한 '거리두기'가 필요하다는 주장은 이와 같은 분석[100]에 기반하고 있다.

정책수단의 선택에 영향을 미치는 요인으로 이해관계, 이데올로기, 정책학습, 제도적 제약, 예산 제약 등이 언급[101]되고 있다.

국내외의 여러 연구 가운데 필자는 정책수단 선택의 정치적 맥락을 강조하는 Guy Peters의 연구를 참고했다. Peters(2002)[102]는 이해관계, 이념, 제도, 국제환경, 개인(정책선도자) 등 다섯 가지를 정책수단 선택의 영향요인으로 꼽았다. 이 요인들이 우리나라 창업벤처 정책수단의 선택에도 영향을 미치는지 궁금했다. 어떤 요인의 연관성이 가장 크고 분명한지 알고 싶었다. 이하에서는 정책선도자, 이해관계, 이념, 제도적 제약의 순으로 설명하고 있다.

◆ 정책선도자, 누구?

정책선도자는 선호하는 미래의 정책을 위해 보유하고 있는 자원을 기꺼이 투자하는 사람[103]이다. Peters(2002)에 따르면, 정책과정의 단계마다 개인('정책선도자')의 리더십과 몰입은 여전히 중요하며, 마틴 루터킹이라는 '개인'이 인종차별 철폐 정책에 미친 영향력을 대표적 사례로 소개하고 있다.

정책수단의 선택에 영향을 미치는 정책선도자란 장관, 상원의원이나 하원의원, 로비스트, 교수, 변호사, 기자, 직업공무원일 수도 있다. 자동차 안전 이슈를 제기하면서 소비자운동에 뛰어들었던 Ralph Nader, 카터 행정부 시절에 항공 관련 규제완화에 심혈을 기울였던 경제학자 겸 민간항공위원회(CAB) 회장 Alfred Kahn, 수로(水路) 사용료 부과를 밀어붙였던 상원의원 Pete Domenici 등을 예로 들 수 있다. 이처럼 핵심 인물(key personnel)의 변화는 어젠다의 변화를 가져오고, 새 인물의 등장은 새 이슈의 등장을 의미[104]한다.

유훈(2001)은 정책선도자를 '아이디어의 전파와 활동을 통하여 정책변동을 유도하는 사람'[105]이라고 했다. 항공 관련 규제완화를 통해 요금 인하와 노선 다양화를 이끌어낸 Kahn 회장, 자금과 기술의 부족 속에서도 포항제철을 성공시킨 박태준 회장, 1968년에 우리나라의 중학교 입시를 폐지한 권오병 문교부 장관 등 3인을 정책선도자로 소개하고 있다.

오랫동안 정책선도자 연구에 천착했던 Mintrom은 정책선도자를 "정책 혁신을 촉진하기 위해 정책 결정의 장에 동참하는 열정적인 참여자"[106]로 정의했다. 아울러, 배기가스 감축을 위한 대도시연합(C40)을 창설했던 Ken Livingstone 前 런던시장, 캘리포니아州의 줄기세포 연구 관련 규제완화를 선도했던 Bob Klein 캘리포니아 부동산개발업자, 2010년 UN 안보리의 '전쟁 中 성폭력 처벌' 결의안을 이끌어낸 William Hague 前 영국 외무부 장관, 여성이 주도하는 '풀뿌리 마을 공동체' 활성화에 앞장선 Aloisea Inyumba 前 르완다 성평등·가족부 장관 등 4인을 정책선도자로 소개했다. 또한, 정책선도자의 공통점으로 열정(Ambition), 예민함(Social Acuity), 신뢰(Credibility), 사회성(Sociability), 끈기(Tenacity) 등 다섯 가지를 언급했다[107]. 한편, 정책선도자는 효율성과 정치적 실현 가능성 사이에서 적절한 균형을 달성하기 위해 정책수단을 조절하는 중개인(tool broker) 역할을 하기도 한다[108].

우리나라의 정책선도자 관련 선행연구를 종합해보면 정책선도자는 93개 정책사례에 126명(또는 기관)이 등장한다. 유형별로 보면, "대통령, 지방자치단체장, 장관을 포함한 정책결정자가 33회(26.2%), 정부(관료집단)가 31회(24.6%), 전문가집단, 이익집단, 시민단체 등 비공식행위자가 22회(17.5%), 국회의원(개인)과 여당이 각각 16회(12.7%), 야당이 8회(6.3%)"였다. 즉, 장관, 자치단체장, 대통령 등 정책결정자가 가장 많았지만, 시민단체, 전문가, 이익집단, 국회의원 등도 상당한 비중을 차지하고 있다[109].

하지만, 아직 창업벤처 분야의 정책선도자에 관한 연구는 없다. 필자는 Kingdon(1995), 유훈(2001), Peters(2002), 장현주(2017), Mintrom(2020) 등 국내외 선행연구와 중소벤처기업연구원(2022), 벤처기업협회(2015) 등의 자료를 토대로 창업벤처 분야 정책선도자 선정을 처음 시도했다. 정책선도자 7인의 출신 배경은 기업인(1인), 교수(2인), 관료(2인), 국회의원(2인) 등으로 다양하다. 첫째, 우병규 국회의원이다. 제12대 의원으로서 기금 신설, 조세감면, 규제완화, 광역市道 창업민원실 설치 등 여러 부처에 걸친 쟁점법안('중소기업창업지원법 제정안')을 의원 55명의 서명을 받아 1985년 12월 대표 발의했고, 122일이라는 꽤 긴 심의 끝에 통과시켰다. 둘째, 이민화 벤처기업협회장이다. 카이스트에서의 연구성과를 토대로 1985년 '초음파 진단 의료기기' 사업을 시작해 코스피에 상장시킨 CEO였다. 벤처기업협회의 초대 회장(1995년 12월)으로서, '벤처포럼'을 통해 코스닥 시장과 스톡옵션의 도입을 제안했고, 김대중 정부 시기에는 벤처투자 활성화를 위한 규제완화 방안을 마련하는 데 일조했다. 셋째, 정해주 청장이다. 1996년 말 제2대 중기청장으로 부임하여 초기의 벤처정책을 입안했고, 1997년 6월 '신기술·지식집약형기업육성에관한특별조치법안(정부안)'을 제출했으며, 한 달 후 야당 의원입법안과 병합되어 '벤처기업육성특별법'으로 통과되는 데 기여했다. 넷째, 송종호 창업벤처본부장이다. 벤처정책과장으로서 벤처 재도약 방안[110]을 수립했고 모태펀드(fund of funds) 출범에도 기여[111]했다. 노무현 정부 중기청의 혁신담당관, 창업벤처본부장으로서 정책결정자(청장, 장관, 국회의원 등)는 아니었지만, 실무 책임자로서 벤처 재도약과 모태펀드 정착에 기여했다. 다섯째, 이장우 교수(미래기획위원)다. 경영학 전공 교수로서 오랫동안 벤처기업 연구와 자문을 해왔고, 이명박 정부의 미래기획위원(2008.5-2012.5)으로서 1인 창조기업 관련 정책을 제안하고 관련 법령의 제정을 뒷받침했다. 여섯째, 한정화 청장이다. 대학에서 오랫동안 기업가정신과 창업 관련 강의를 한 전문가였다. 박근혜 정부의 초대 청장이자 최장수(2년 10개월) 청장으로 일하면서 TIPS 프로그램 도입, 중소기업기술보호지원법 제정, 액셀러레이터 도입 등 혁신적인 사업과 제도를 도입했다. 일곱째, 정태호 국회의원이다. 1986년 제정되어 35년 이상 된 '중소기업창업지원법'의 전부개정안을 제21대 국회(2020년 8월)에서 발의했다. '창업국가' 구현을 위한 방대한 내용을 포괄한 까닭에 심의에 458일이나 소요되었고 2021년 말 국회 통과를 주도했다. 창조적 파괴와 혁신이 요구되는 저성장 시대에 직면해 있는 한국경제에, 특히 창업벤처 분야에 많은 정책선도자의 출현을 기대해본다.

<표 15> 창업벤처 분야 정책선도자들

시기	정책선도자	정책혁신의 내용
전·노 정부	우병규(국회의원) (12대: 1985.4-1988.5)	'중소기업창업지원법 제정안' 대표 발의
김영삼 정부	이민화(벤처기업협회장) (1995.12-2000.1)	코스닥 시장 및 스톡옵션 도입
	정해주(중소기업청장) (1996.12-1997.11)	초기 벤처정책 및 '벤처기업육성특별법'
김대중 정부	이민화(벤처기업협회장) (1995.12-2000.1)	외환위기 이후 벤처투자 관련 규제완화
노무현 정부	송종호(벤처정책과장, 창업벤처본부장)	벤처 재도약 방안 및 모태펀드 준비
이명박 정부	이장우(미래기획위원) (2008.5-2012.5)	'1인 창조기업' 정책 제안 및 관련 법령
박근혜 정부	한정화(중소기업청장) (2013.3-2016.1)	TIPS, 액셀러레이터 등 혁신적 사업·제도 도입
문재인 정부	정태호(국회의원) (21대:2020.5-2024.5)	'중소기업창업지원법 전부개정안' 대표 발의

▶ 너무 가까워진 정부기관-이익집단

1982년부터 40년에 걸친 시기에 국회에 제안된 창업벤처 관련 법률안을 분석하여, 이해관계, 이념, 제도가 정책수단의 선택에 영향을 미치는지 통계분석을 통해 살펴봤다. 먼저, 법률안에 내포된 정책들을 '이익집단 관련' 정책과 '이익집단 무관' 정책으로 구분했다. 모두 428개의 정책 가운데 '이익집단 관련'이 51%(219개), '이익집단 무관'이 49%(209개)로서, 양쪽이 5대 5에 가까웠다. 그리고, 이익집단 관련 정책(219개)을 다시 벤처캐피탈(VC)협회 관련(102개), 벤처기업(VE)협회 관련(56개), 기타협회 관련(61개) 등 세 그룹으로 구분했다. 이를 통해 협회별 특징이 드러나는지, 그 차이가 통계적으로 유의한 수준인지 살펴봤다.

이익집단 관련 여부로 나누어 정책수단 유형을 비교해본 결과, 이익집단의 이해관계와 '관련 있는 정책'일 경우에는 '관련 없는 정책'보다 상대적으로 직접형 수단과 권위형 수단의 비중이 높았다. 이익집단을 다시 VC협회, VE협회, 기타협회 등 세 그룹으로 나누어 살펴본 결과, VC협회 관련 정책의 경우에는 VE협회 관련 정책에 비해 직접형 수단과 권위형 수단의 비중이 더 높았다. VE협회 관련 정책의 경우 규제완화형 수단의 비중이 57%로서 VC협회 45%, 기타협회 28%보다 높았다.

다음은 이해관계 관련 변수(설명변수)가 정책수단 유형(종속변수)의 선택에 영향을 미치는지를 실증분석을 통해 확인해 보았다. 오직 '벤처캐피탈(VC)협회 관련' 변수만이 '직접형 수단'의 선택에 긍정적(+) 방향으로 통계적으로 유의하게 영향을 미치고 있다. 즉, '벤처캐피탈(VC)협회 관련' 정책일 경우, 직접형 수단의 선택 확률이 상대적으로 더 높다고 할 수 있다. '이익집단 관련' 정책일 경우에는 상대적으로 다른 정책수단 유형보다는 규제 및 이익 보호와 관련이 있는 권위형 수단'을 선택할 확률이 더 높다. 이익집단을 세분화해보면, 벤처캐피탈(VC)협회와 관련된 정책일 경우, 상대적으로 다른 정책수단 유형보다는 규제 및 이익 보호와 밀접한 권위형 수단을 선택할 확률이 더 높다. 반면, 벤처기업(VE)협회 관련 정책일 경우, 권위형 수단이 아니라 '규제완화형 수단'을 선택할 확률이 더 높다. 요컨대, 벤처캐피탈(VC)협회를 비롯한 대부분의 이익집단과 관련한 정책일 경우 '권위형 수단'을 선택할 확률이 높다고 할 수 있지만, 벤처기업(VE)협회 관련 정책일 경우에는 오히려 '규제완화형 수단'을 선택할 확률이 더 높다. 즉, 모든 이익집단이 아니라 벤처캐피탈(VC)협회와 관련한 정책일 경우에만 직접형과 권위형 수단을 더 선택할 것이라는 가설이 통계적으로 유의하다.

요컨대, 각 협회 차원이든 전체 차원이든 이익집단 관련 변수는 정책수단의 선택에 영향을 미치는 요인이라고 할 수 있다. 그리고, 서로 다른 협회의 성격 차이에 따라서 정책수단 유형의 선택이 달라짐을 알 수 있다. 상대적으로 '자율적 협력형' 이익집단과 관련된 정책이라면 규제완화형 수단을, 상대적으로 '종속적 협력형' 이익집단과 관련된 정책이라면 규제형을 더 선호함을 알 수 있다.

이런 결과에 기초해 본다면, 우리의 창업벤처정책은 Wilson (1989)의 정부기관-이익집단 정치모형[112] 중에서 상대적으로 이익집단에 포획(capture)되기 쉬운 '고객정치' 유형과 '기업가정치' 유형에 해당한다고 할 수 있다.

❷ 정부를 키우는 신자유주의

두 번째로 '이념'과 관련된 변수가 정책수단의 선택에 영향을 미치는지 살펴봤다. 즉, 신자유주의 정책이념에 해당하는 정부냐 아니냐에 따라서, 국회의원이 속한 정당이 진보적인지 보수적인지에 따라서, 정책수단 유형의 선택에 차이가 있는지를 분석했다.

직접형 정책수단과 간접형 정책수단의 구성을 보면, 신자유주의 여부나 정당 이념의 범주에 따라서 차이가 두드러지지 않았다. 하지만, 권위형-조직형-재정지출형-역량형성형-규제완화형 수단 등 5개 범주의 정책수단 유형을 비교해보면, 신자유주의 정부의 경우 규제완화형의 비중이 38%로서 신자유주의 정부 아닌 경우의 25%에 비해 차이가 있어 보인다. 그리고, 정당 이념이 보수적인 경우, 권위형 수단의 비중이 43%로서 정당 이념이 진보적인 경우의 권위형 수단 비중 34%보다 상대적으로 비중이 더 컸다.

다음은 통계와 모형을 활용한 실증분석이다. 신자유주의 정부 여부는 '직접형' 정책수단의 선택에 관하여 미치는 영향이 통계적으로 유의하지 않았다. 아울러, 국회의원 소속 정당의 이념이 진보적이냐 보수적이냐 역시 '직접형' 정책수단의 선택에 대해 통계적으로 유의하게 영향을 미치지 못하고 있다.

하지만, 5개의 정책수단 유형(권위형-조직형-재정지출형-역량형성형-규제완화형)의 선택에 정책 이념(신자유주의 정부 여부)과 정당 이념(정당의 진보적-보수적 여부)이 영향을 미치고 있다. '신자유주의 정부'일 경우 (아닌 경우에 비해), 조직형이나 재정지출형 수단보다 '권위형' 수단을 선택할 확률이 상대적으로 더 높았다. '의원의 소속정당이 진보적'일 경우 (보수적인 경우에 비해), 권위형 수단보다 조직형 수단을 선택할 확률이 더 높았다. 즉, 진보적 정당에 속하는 국회의원이 제출한 정책(법률안)의 경우에는 통계적으로 유의하게, 권위형 수단보다 조직형 수단을 선택할 확률이 더 높았다. 반면에, '의원의 소속정당이 보수적'일 경우에는 (진보적인 경우보다) 통계적으로 유의하게, 조직형 수단보다 권위형 수단을 선택할 확률이 더 높았다. 요컨대,

의원 소속 정당이 진보적일수록 직접형 정책수단을 더 선택한다고 할 수 없다. 신자유주의 정부일수록 간접형 수단과 규제완화형 수단을 더 선택할 것이라는 가설도 성립하지 않았다.

　이 같은 결과는 우리나라 양대 정당의 이념 차이가 크지 않다는 기존 정치학계의 선행연구[113]와 같은 맥락이라고 할 수 있다. 또한 신자유주의 정부 여부라는 정책이념 변수를 분석한 결과, 경쟁과 개방, 민영화, 작은 정부를 선호하는 서구의 신자유주의와 달리 우리는 국가중심적이고 발전주의적 신자유주의라는 선행연구 결과[114]와 유사했다. 즉, 우리 창업벤처정책의 사례를 통해 신자유주의 정부일 경우 조직형이나 재정지출형 수단보다 '권위형' 수단을 더 선택함을 알 수 있었다. 이는 서구의 신자유주의와 다른 한국적 신자유주의의 특성이라고 해석할 수 있다.

　이처럼 '이념' 변수는 정책수단 선택과의 연관성이 확인된 변수 중 하나라고 말할 수 있다. 하지만, 앞에서 살펴본 '이해관계' 변수에 비하면, 정책수단의 유형 선택에 미치는 영향이 약한 편[115]이라고 할 수 있다.

⊙ 의원입법의 양은 급증했지만

세 번째로 '제도적 제약' 변수(설명변수)가 정책수단의 선택(종속변수)에 통계적으로 유의하게 영향을 미치는지 살펴봤다. 예를 들어, 정부입법에 대해 부여된 규제심사라는 제도적 제약이 정책수단 유형의 선택에 차이를 초래하는지, 의원입법에 대해 부여된 의정감시활동이라는 비공식적 제약이 정책수단 유형의 선택에 영향을 미치는지를 확인해 보았다.

〈표 16〉은 창업벤처를 포함한 모든 법률안 통계이긴 하지만, 의원 발의안의 비중이 크게 증가하여 최근에는 전체 발의안의 90%에 이르고 있음을 보여준다. 전두환 정부의 11대 국회 당시에는 정부입법 비중이 60%에 육박했다. 김대중 정부와 노무현 정부에 걸쳐 있는 16대 국회(2000-2004년)에서 처음으로 정부입법 비중이 20%대로 하락했다. 19대 국회의 정부입법 비중은 6.1%에 불과하다. 민주화로 인해 입법부의 기능이 점차 강화되고, 정치적 자율성이 증가한 결과일 것이다.

다른 한편으로, 국회 대수별 법률안 반영률(반영안건/처리안건*100) 추이를 보면 11대 국회의 78.0%에서 20대 국회의 36.4%로 급락했으며, 최근으로 올수록 크게 하락하는 추세다. 정부입법보다 의원입법의 반영률이 크게 낮음을, 의원입법의 질적 개선이 필요함을 알 수 있다.

먼저, 의원입법과 정부입법으로 구분했다. 그리고, 의원입법의 경우에는 비공식적 제도적 제약인 '의정감시활동'의 영향을 받은 의원입법인지 여부로 범주화를 했다. 또한, 정부입법의 경우에는 공식적인 제도적 제약인 '규제심사제도'가 시행된 1998년 3월(행정규제기본법 시행) 이후의 정부입법인지 여부로 범주화했다. 이러한 세분화를 적용하여, 정부입법*규제심사제도, 그리고 의원입법*의정감시활동처럼 두 가지 조건이 교차하는 '상호작용변수'(interaction variable)[116]를 설명변수로 활용했다.

규제심사강화 이후의 정부입법은 규제완화형이 57.4%로서 아닌 경우의 29.4%에 비해 월등히 비중이 높다. 그리고, 의정감시활성화 이후의 의원입법인 경우는 규제완화형(28.7%)에 비해 권위형(39.1%)의 비중이 더 컸다.

〈표 16〉 의원입법과 정부입법의 변화 추이

(단위: 개, %)

국회 대수	처리 안건				반영 안건			
	의원	위원장	정부	총계	의원	위원장	정부	총계
11대 ('81-'85)	164	40	287	491	64	40	279	383
	33.4	8.1	58.5	100	16.7	10.4	72.8	100
12대 ('85-'88)	181	29	168	378	90	29	164	283
	47.9	7.7	44.4	100	31.8	10.2	58	100

〈표 16〉 의원입법과 정부입법의 변화 추이 (계속)

(단위: 개, %)

국회 대수	처리 안건				반영 안건			
	의원	위원장	정부	총계	의원	위원장	정부	총계
13대 ('88-'92)	108	462	368	938	108	244	355	707
	11.5	49.3	39.2	100	15.3	34.5	50.2	100
14대 ('92-'96)	252	69	581	902	99	68	561	728
	27.9	7.6	64.4	100	13.6	9.3	77.1	100
15대 ('96-'00)	806	338	807	1,951	349	338	737	1,424
	41.3	17.3	41.4	100	24.5	23.7	51.8	100
16대 ('00-'04)	1,651	261	595	2,507	770	258	551	1,579
	65.9	10.4	23.7	100	48.8	16.3	34.9	100
17대 ('04-'08)	5,728	659	1,102	7,489	2,232	654	880	3,766
	76.5	8.8	14.7	100	59.3	17.4	23.4	100
18대 ('08-'12)	11,191	1,029	1,693	13,913	3,866	1,024	1,288	6,178
	80.4	7.4	12.2	100	62.6	16.6	20.8	100
19대 ('12-'16)	15,444	1,284	1,093	17,821	5,346	1,280	803	7,429
	86.7	7.2	6.1	100	72	17.2	10.8	100
20대 ('16-'20)	21,594	1,453	1,094	24,141	6,608	1,453	738	8,799
	89.4	6.0	4.5	100	75.1	16.5	8.4	100

자료: 국회 의안통계시스템 (위 의안은 '창업벤처'를 포함하는 모든 의안)

분석 결과, '규제심사 강화 後 정부입법'인 경우 (아닌 경우에 비해) 권위형 수단보다 규제완화형 수단을 선택할 확률이 통계적으로 유의하게 더 높았다. 즉, 규제심사제도가 강화된 이후에 제출된 정부입법의 경우, 그렇지 않은 경우에 비해, 권위형보다는 규제완화형 수단을 선택할 확률이 더 높다고 해석할 수 있다. 그리고, '의정감시활동 활성화 後 의원입법'인 경우는 (아닌 경우보다), 조직형-재정지출형-규제완화형 수단보다 권위형 수단을 선택할 확률이 상대적으로 더 높았다.

요컨대, "규제심사라는 제약에 직면한 정부입법안은 거래비용을 최소화할 수 있도록 규제완화형 수단을 선호할 것"이라는 가설은 통계적으로 유의했다. 즉, 규제심사제도라는 제약에 직면한 정부입법은 발의 건수와 비중이 작아지고 있으며, 정책수단 유형의 선택에 있어서는 거래비용을 최소화하고 통과 확률을 높이는 방향으로, 규제적 성격이 강한 권위형보다는 규제완화형을 선택할 확률이 더 높았다.

그리고, '의정감시활동 활성화 이후 의원입법'일 경우에는 조직형-재정지출형-규제완화형 수단보다는 권위형 수단을 선택할 확률이 더 높았다. 따라서, "의정감시활동이라는 제약에 직면하여, 의원입법은 법안 발의와 통과 실적을 의식하여 '규제완화형' 정책수단을 더 선택할 것"이라는 가설은 통계적으로 유의하지 않았다. 결국, 시민단체의 의정감시활동이라는 비공식적 제약이 의원입법의 양적 증가에는 기여했을지라도 질적 수준을 높이는 결과에는 아직 도달하지 못했다고 해석할 수 있다.

이는 정치학이나 입법과정 관련 선행연구들과 비슷한 맥락의 결과라고 할 수 있다. 즉, 시민단체들의 의정감시활동이 활발해지고 이로 인해 의원입법이 양적으로 증가했지만, 질적인 수준의 향상은 아직 만족스럽지 않다고 할 수 있다. 이 결과를 다른 측면에서 해석해본다면, 의원입법의 경우 권위형 수단을 선호하는 것으로 드러나, 국회의원의 득표 극대화라는 이해관계가 작동하고, Wilson(1989)이 언급한 '고객정치' 유형이 우리나라 창업벤처정책의 입법과정에 있어서도 유효하다고 할 수 있다. 즉, 앞에서 언급한 정부기관과 이익집단 사이의 거리두기는 행정부뿐만 아니라 입법부에도 적용되는 얘기라고 할 수 있다.

결국, 규제심사제도라는 제도적 제약에 직면한 정부입법안이 규제완화형을 더 선호하는 반면, 의정감시활동이라는 비공식적 제약에 직면한 의원입법안의 경우에는 권위형 수단을 더 선호하는 것으로 드러났다. 따라서, 정부입법안과 의원입법안 사이에 정책수단 유형의 선택에 있어서 통계적으로 유의한 차이가 존재한다고 할 수 있다.

▶ 정부-시장-시민단체의 삼각구도

통계분석 결과를 종합해보면, 이해관계는 설명변수들 가운데 가장 일관성 있게 통계적으로 유의하게 영향을 미치고 있다. 다음으로, 제도적 제약의 경우 정책수단의 선택에 일정한 영향을 미치고 있음이 확인되었다. 마지막으로, 이념 변수는 정책수단의 선택에 미치는 영향이 설명변수들 가운데 가장 미미하다고 할 수 있다.

코로나19가 만연했던 2020년과 2021년에는 코로나 바이러스의 확산을 방지하기 위해 마스크를 착용하고, 집합금지 명령을 내리고, 사람들과의 적정한 거리두기를 강조하는 캠페인이 벌어졌었다. 규제자가 피규제자에게 포획(capture)되지 않으려면 정부기관과 이익집단 사이에도 적정한 거리두기가 필요하다. Aghion, et.al.(2020)[117]에서도 창조적 파괴와 혁신을 위해서는 정부-시장-시민단체 사이에 견제와 균형의 삼각구도가 필요하다고 역설한 바 있다.

예를 들어, 우리나라의 1997년 외환위기 사태, 2011년 저축은행 사태, 2023년 순살 아파트 주차장 붕괴사태 모두 정부기관-이익집단-시민단체 사이의 적정한 거리두기 실패와 관련 있다. 정부기관과 이익집단 간의 규제포획에 따라 발생한 문제라고 볼 수 있다. 노벨경제학상을 받은 스티글러의 '포획이론'(capture theory)에 딱 어울리는 사례라고 할 수 있다. 규제기관 출신이 피규제기관에 낙하산으로 내려가고, 피규제기관이 규제기관을 포획함에 따라 규제가 무력화되고, 이에 따라 금융기관의 부실 채권이나 건설회사의 부실 아파트가 생겨나는 구조를 보여준다. 마찬가지로, 창업벤처 관련 협회와 단체의 경우에도 창업벤처 관련 규제를 무력화하려는 노력을 기울이게 되고, 정책수단의 설계에 개입하려 할 것이다. 따라서, 창업벤처 정책의 설계에 있어서 정부기관과 이익집단 사이에 적절한 거리두기가 필요하다고 주장하는 것이다. 규제포획(regulatory capture)을 예방하기 위한 조치와 노력이 필요하며, 이해관계로부터 중립적인 시민단체의 감시가 활발하게 작동되어야 한다.

일찍이 프리드만(1980)이 얘기했듯이, 공익(public interest)을 위해 정부의 개입을 선택하더라도, 그 사람은 그의 의도와 달리 사적 이해관계(private interests)를 증진하는 '보이지 않는 손'의 영향을 받게 되며, 좋은 (정책) 목표라고 해도 나쁜 (정책) 수단에 의해 왜곡될 수 있다.

물고기 던져주기

제6장. 거꾸로 생각하기

1. 시장 먼저, 정부 나중
2. 경쟁해야 경쟁력이 생긴다

제6장. 거꾸로 생각하기

⊙ 시장 먼저, 정부 나중

정부가 직접 개입하고 규제를 신설하거나 강화하는 방식으로 정책수단을 설계한다면, 고양이에게 죽은 물고기를 던져주는 것이나 마찬가지다. 즉, 직접형이나 권위형 정책수단을 활용한다면, 스타트업이나 벤처기업 입장에서는 발등의 불을 끄기에는 좋지만, 자생력을 기르거나 경쟁력을 제고하는 데는 도움이 안 된다.

그렇다면 지금까지 실시된 창업벤처 정책 가운데 어떤 정책이 바람직한 수단을 활용했고 성과와 평가가 좋았을까? 요컨대, 시장이 먼저 움직이고 정부가 나중에 뒤따르는 정책이다. 정부가 직접 개입하지 않는 정책, 스타트업이나 벤처기업에게 유인이나 인센티브를 제공하여 기업이 주도적인 역할을 맡도록 하는 정책이다.

우리나라 창업벤처 정책 가운데 가장 호평받는 정책프로그램이 바로 2013년에 처음 선보인 팁스(TIPS) 프로그램이다. 팁스(TIPS : Tech Incubator Program for Startup)[118]는 세계시장을 선도할 기술 아이템을 보유한 창업기업을 집중육성하는 **'민간투자 주도형 기술창업지원'** 프로그램이다. 글로벌 시장에 진출하려는 기술력을 갖춘 유망한 창업기업에 창업도전의 기회를 제공하기 위해 성공한 벤처인 중심의 엔젤투자사, 초기기업 전문 벤처캐피탈, 기술 대기업 등 민간 투자기관을 '팁스 운영사'로 지정해 투자·보육·멘토링과 함께 R&D 자금 등을 매칭하여 지원한다. 팁스 운영사의 엔젤투자자금 (2억 원 내외)에 정부가 연구개발자금 (최대 5억 원)을 매칭 지원하고, 창업 사업화·해외 마케팅 자금 등을 연계 지원한다.

2021년 10월 말 기준으로 모두 1,442개 창업기업이 팁스 프로그램에 선정되었으며, 민간 엔젤투자 3,226억 원, 정부의 R&D 지원 5,936억 원, 창업사업화 822억 원, 해외마케팅 562억 원의 자금을 지원받았다. 투자와 지원을 기반으로, 팁스 창업기업은 총 11,443명(기업당 10.1명)의 일자리를 창출하였으며, 기업공개(IPO) 6개사, M&A 34개사, 국내외 후속투자 등 다양한 성과를 나타낸 바 있다('대한민국 정책브리핑' 참고).

이처럼 팁스는 자금뿐만 아니라 운영사의 보육, 후속투자 유치 등 창업기업이 실질적으로 필요로 하는 다양한 지원을 통해 성공적인 사업화를 지원하는 우리나라 대표 창업지원 프로그램이다. 서울 역삼동과 대전 충남대에 팁스타운을 조성했으며, 팁스 출신 벤처기업 가운데 코스닥과 나스닥, M&A 등을 통해 회수(exit)에 성공한 사례들이 다수 출현하면서 벤처기업이나 예비창업자들이 가장 선호하는 정책으로 평가받고 있다.

● 경쟁해야 경쟁력이 생긴다

진입장벽을 낮추고 경쟁을 활성화함으로써 국민들은 선택의 폭이 커지고 가격은 낮아지고 품질과 서비스는 올라가며 기업들은 서로 경쟁하면서 글로벌 경쟁력이 향상된다. 2000년 이후 저비용 항공사(LCC)가 늘어나면서 항공기 이용객들의 선택폭이 커지고 가격이 내려간 것이 대표적인 사례다. 기존 업체들은 경쟁이 심해짐에 따라 힘들어지기도 했겠지만, 고객과 시장(운동장)이 넓어진다는 점, 살아남기 위해 노력하면서 경쟁력이 올라간다는 긍정적인 측면도 있다.

우리나라의 앞서가는 스마트폰 제조역량과 이동통신 서비스도 이러한 **진입장벽 완화와 경쟁 활성화 정책**에 힘입은 바 크다. 국내 이동통신 서비스는 1984년 1사 독점 체제에서 1994년 2사 체제, 1996년 5사 체제로 경쟁이 치열해졌다가 1999년 4사, 2000년 3사로 다시 구조조정되었다. 2010년부터는 제4이통을 선정하려 시도했고 2024년에도 여덟 번째 시도했으나 제4이통 선정은 계속 실패하고 있다. 이처럼 정책은 시장환경에 맞춰 변동하고 진화한다.

그중에서도 1996년 이동통신 회사를 2사에서 5사로 늘린 정책이야말로 삼성, LG 등 이동전화 제조업체를 키우고, 수많은 네트워크 장비업체를 살리고, 오늘날의 네이버, 넥슨, 카카오 등 인터넷과 모바일 서비스업체들이 있게 만든 신의 한 수였다. 1984년 1사 체제로 시작한 이동전화 서비스의 첫해 가입자는 2,658명에 불과했다. 1980년대와 90년대 중반까지 10년 이상 이동전화 가입자 수는 완만하게 증가했다. 1996년의 경쟁 활성화 정책이 가입자 증가의 기폭제가 됐다. 신생 이동통신 회사가 3개나 더 진입하면서 서비스 경쟁과 가입자 유치 경쟁이 치열해졌다. 그 여파로 이동통신 가입자가 폭발적으로 증가했다. 1997년 500만, 1998년 1,000만, 1999년 2,000만, 2002년 3,000만, 2006년 4,000만, 그리고 드디어 2010년 5,000

만 명을 넘어섰다. 이처럼 시장을 키우는 시의적절한 경쟁정책은 대기업과 중소기업, 소비자와 나라경제 모두에게 긍정적 효과를 초래했다. 1984년의 휴대폰 가격은 331만 원이었지만, 지금은 컴퓨터와 맞먹는 성능의 스마트폰이 100만 원 안팎이다. 보급형 스마트폰은 훨씬 저렴하다. 그만큼 선택의 폭이 넓어졌다. 이동통신 회사들의 치열한 경쟁을 통해 스스로 경쟁력을 제고시킴은 물론 가치사슬(value chain)로 연결된 스마트폰과 네트워크 장비 제조업체들, 서비스업체들, 콘텐츠업체들을 키워낸 것이다. 진입장벽을 낮추고 경쟁을 활성화한 정책이 다방면으로 파급효과(spill-over effect)를 초래하여 경제 전반의 경쟁력을 제고한 모범적인 정책의 사례라고 할 수 있다.

통신비 부담 완화를 명분으로 2010년 이명박 정부 때부터 제4 이동통신 사업자 선정을 추진했고 2024년 6월 현 정부에서도 8번째로 시도했으나 무산됐다. 그만큼 전국적인 이동통신 서비스 구축이 재정적으로나 기술적으로나 문턱이 높다고 해석할 수 있다. 아울러, 기존 3사(SKT, KT, LGT)의 기득권 카르텔이 강력하다고도 해석할 수 있다. 정부기관과 이익집단의 거리가 너무 가까워졌다거나 규제포획이 이루어졌다고 볼 여지도 있다. 따라서, 국민들이 저렴한 가격에 더 좋은 서비스를 이용할 수 있도록 진입장벽을 낮추려는 노력은 정부기관과 이익집단 간의 적당한 거리두기가 되어 있을 경우, 시민단체의 견제와 감시가 더해질 경우, 성공 가능성이 올라간다.

  중소기업정책에 있어서도 보호와 지원만이 능사는 아니다. 보호를 통해 경쟁을 차단한다면 우물안 개구리를 만드는 꼴이 될 수도 있다. 자생력과 경쟁력을 제고하는 방안을 지속적으로 고민해야 한다. 이 얘기는 1993년 취임한 김영삼 대통령 시절의 얘기다. 2003년 취임한 노무현 대통령도 중소기업정책의 혁신을 주문했다. 새로운 얘기가 아니다. 중소기업정책, 그중에서도 가장 경쟁 친화적이라고 얘기되는 창업벤처정책의 경우 '활력'을 높이는 데 집중해야 한다. 정책수단을 비롯한 정책 전반의 설계(design)에 있어서, 자생력과 글로벌 경쟁력을 키우고 창업벤처 생태계의 지속가능성과 활력을 높이는 방향으로 고민해야 한다. 창조적 파괴와 혁신이 한국경제에 활력을 불어넣을 것이다. 경쟁해야 경쟁력이 생긴다.

물고기 던져주기

제7장. 나가기

1. 울창한 숲에 금강송이 자란다

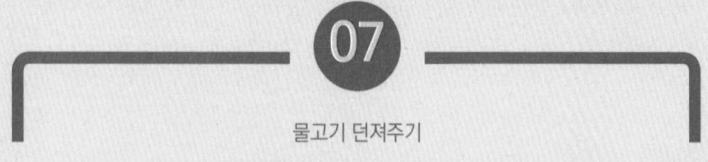

제7장. 나가기

▶ 울창한 숲에 금강송이 자란다

이 책의 첫 문장을 '성장 아니면 퇴출'로 시작했다. 그만큼 경영은 힘들고 경쟁은 치열하다. 따라서 창업에는 남다른 경험과 지혜, 커다란 용기와 끈기가 필요하다. 알프레드 마샬(A. Marshall)은 창업한 지 얼마 안 된 스타트업을 활력이 넘치는 '숲속의 어린 나무'에 비유했다. 햇볕 경쟁에서 살아남아 큰 나무로 성장해야 하는 것처럼, 스타트업의 목표는 생존을 넘어 성장하고 덩치를 키워 지속가능한 기업이 되는 것이다. 죽음의 계곡(death valley)을 뛰어넘는 것은 발등에 떨어진 불을 끄는 것만큼 중요하다. 하지만 그 이후에도 계속 성장하고 덩치를 키워서 코스닥이나 거래소에 상장하는 것이야말로 스타트업이나 벤처기업이 사업을 시작한 목표고 보람이라고 할 수 있다. 그러려면 해외시장으로 나가고, 더 큰 운동장에서 시합을 해봐야 한다. 울창한 숲에서 키 큰 소나무가 자라고 호랑이가 서식한다.

경북 울진군 서면 소광리에 가면 금강송 군락지[119]가 있다. 그 숲에 가면 500년 된 최고령 금강송을 만날 수 있다. 키 30 미터, 가슴둘레 5.5 미터에 달한다. 백 년 이상의 금강송들이 수두룩하다. 울울창창한 숲이 큰 나무를 키운다. 햇볕 경쟁하는 나무들이 큰 나무로 자라난다. 마찬가지로, 한 명의 고객을 더 잡기 위해, 하나의 제품이나 서비스를 더 판매하기 위해 경쟁하는 기업들이 중소기업에서 중견기업으로, 나아가 글로벌 기업으로 성장한다. 경쟁이 기업을 키우고 나라경제도 키운다. 창업벤처 정책의 목표는 단지 스타트업의 생존이 아니며, 자생력과 글로벌 경쟁력을 키우는 것이어야 한다. 그러려면 숲을 키우는, 창업기업과 창업벤처 생태계의 활력을 제고하는 프로그램과 수단을 설계해야 한다.

지금까지 살펴본 논의를 통해 제시하는 정책적 시사점은 다음과 같다. 먼저, 정책수단의 유형과 관련한 시사점이다. 중소기업의 자생력과 경쟁력을 키우고, 창업벤처 생태계를 튼튼히 하려면 정책수단의 유형 가운데 간접형 수단과 역량형성형 수단이 많아져야 한다. 하지만 현실은 그렇지 못하다. 정부의 직접 개입에 의한 직접형 정책수단의 비중이 90% 이상이다. 통치자원의 종류와 성격에 따라 5개 범주로 정책수단의 유형을 구분해보면, 규제 및 이익 보호와 밀접히 연계되는 권위형 수단의 비중이 가장 높다. 규제완화형 수단의 비중이 두 번째로 높기는 해도, 규제완화란 '재규제'에 불과하며, 정부 통제의 '재조직화'라고 볼 수 있다는 비판적 견해[120]도 있다. 아울러, 기업의 경쟁력을 키우는 데 도움이 되는 교육, 연수, 훈련, 기술지원, 정보제공, 창업보육센터 등 역량형성형 수단의 비중은 다섯 개 유형 중 네 번째에 불과했다. 즉, 기업의 자생력과 글로벌 경쟁력을 높이는 데 도움이 된다고 판단되는 정책수단의 비중은 매우 낮은 편이라고 할 수 있다.

요컨대, 1960, 70년대 미국을 두고 '정부가 과잉 개입하는 사회(over-governed society)', '훨씬 더 큰 정부'(ever bigger government)라고 비판했던 프리드먼의 지적[121]이 2020년대 한국에 적용되는 것은 아닌지, 걱정된다. 가장 경쟁 친화적이라고 얘기되는 창업벤처 정책을 분석한 결과를 토대로 하는 얘기이므로, 지나친 우려라고 할 수도 없다.

또한, 우리의 창업벤처정책은 1980년대 이래로 아직도 창업기업과 중소기업을 대기업 대비 약자와 보호대상으로 간주하고, 투자와 융자 등 금융지원, 세제 지원, 각종 보조금 지원을 하고 있다. Wilson(1989)의 정부기관-이익집단 정치모형 중에서 정부기관이 이익집단에 '포획'(capture)되기 쉬운 '고객정치' 유형에 가깝다고 할 수 있다. 벤처 건전화 정책과 같은 예외적인 규제강화 정책의 경우에만 '기업가 정치'에 해당하지만, 미국의 사례에 따르면, 기업가 정치의 경우에도 규제포획의 가능성이 크다.

시장경제의 미래를 위해 정부의 적절한 개입이 필요하지만, 정부 규제의 포획도 흔히 발견된다[122]. 이러한 규제포획의 우려 때문에 정부-시장-시민단체의 환상적 삼각구도가 긴요하다. 정부가 과잉 개입하지 않는 사회, 작지도 크지도 않은 정부, 간접형과 역량형성형 수단의 비중이 높은 정책설계를 지향할 필요가 있다. 저성장의 해법을 고민하는 정책결정자들이라면, 정책설계에 있어서 간접형-역량형성형 정책수단의 중요성을 더 세밀하게 고민할 필요가 있다.

두 번째는 정책수단에 영향을 미치는 이익집단에 관한 것이다. 이해관계, 이념, 제도적 제약 등 설명변수 가운데 '이해관계'(이익집단 관련 여부)가 정책수단의 유형 선택에 있어서 통계적으로 유의하게, 그리고 일관성 있게 영향을 미치고 있다. 아울러, 창업벤처 관련 이익집단이라고 해도 벤처캐피탈협회와 벤처기업협회는 서로 다른 선호와 특성을 드러내고 있다. 수면 아래서 '이익집단의 정부화' 현상도 진행되고 있을 것이다. 그렇다면, 종속적 협력형보다는 자율적 협력형 이익집단이 많아지는 게 바람직하다. 그러한 방향이 창업기업과 중소벤처기업 전반의 자생력과 경쟁력을 높이는 데에 도움이 될 것이기 때문이다.

아울러, 앞에서 여러번 언급했듯이, 정부기관과 이익집단 간에는 적절한 거리두기가 필요하다. 정부기관-이익집단의 규제 포획 여부를 투명하게 감시할 수 있는 지표의 개발, 제도적 장치의 마련, 시민단체 활동의 활성화도 필요하다.

규제기관의 공무원이나 감독기관의 직원들이 고위직이든 실무자든 가리지 않고 퇴직 후에 법무법인(로펌)이나 회계법인, 나아가 피규제기관, 피감독기관으로 이직하고 있다. 2024년 한국경제의 현실을 감안한다면, 정부기관과 이익집단 간의 거리두기는 아무리 강조해도 지나치지 않는다. 창조적 파괴와 혁신을 기반으로 하는 경제체제가 제대로 작동하려면 시장-정부-시민사회의 황금 삼각구도가 필수적이라는 지적이 미국이나 유럽의 오래된 선진국에만 해당하는 이야기는 아니기 때문이다.

미주

1) 1973년 美國 중소기업청(SBA)의 Thomas S. Kleppe 청장은 SBA 창립 20주년 보고서(The Vital Majority) 서문에서 '자생력을 갖추고 역동적이며 혁신적인(중소기업의) 역할'을 강조한 바 있다.

2) 이경의. 2015. 『중소기업 경제학 개론』. 지식산업사:65-72에서 재인용

3) 양현봉 외. 2018. 『창업정책의 실효성 제고 방안』. 산업연구원.

4) Stangler, D. and Litan, R.E. 2009. Where Will The Jobs Come From? Kauffman Foundation.

5) Kane, T. 2010. The Importance of Startups in Job Creation and Job Destruction. Kauffman Foundation.

6) Amorós, J.E. & Bosma, N. 2014. GEM 2013 Global Report: Fifteen Years of Assessing Entrepreneurship Across The Globe. Global Entrepreneurship Research Association. p.25

7) "더 많은 젊은이들이 스타트업에 관심을 기울이며 뛰어들고 있고 벤처투자자들은 늘어나고 있으며 대기업들의 관심도 높아지고 있다."(임정욱. 2015. 한국 스타트업 생태계의 현황과 과제. 「정보과학회지」(1월, 특집호))

8) '국내 창업기업 5년 후 생존율 34%…OECD 평균보다 한참 낮아'(연합뉴스, 2023년10월3일자 기사; https://n.news.naver.com/article/001/0014233576?sid=100)

9) 배두현. 2021. 역동적 창업생태계 조성을 위한 정책제언. 「SGI 지속성장리포트」 제2021-01호. 대한상공회의소:8.

10) 양현봉·박종복. 2011. 『청년창업 생태계 조성 및 활성화 방안』. 산업연구원.

11) "투자지수와 정부지수가 크게 증가하고, 기업지수의 증가율이 낮은 것은 창업·벤처 생태계가 정부 지원 위주로 성장하고 있음을 의미."(김선우 외. 2021. 창업·벤처 생태계 측정에 관한 연구.「벤처창업연구」16(6):31-42)

12) 임정욱. 2015. ibid.

13) 정정길 외. 2023(전정 4판). 『정책학원론』. p.698.

14) Capano. G. & Howlett. M. 2020. The Knowns and Unknowns of Policy Instrument Analysis: Policy Tools and the Current Research Agenda on Policy Mixes. SAGE Open. 10(1).

15) Friedman, M. & Friedman, R.D. 1980. Free to Choose: a personal statement. Harmondsworth:Penguin.p.309.

16) 김병섭 외. 2013. 『정책수단론』. 법문사

17) 문명재. 2008. 정책도구 연구의 학문적 좌표와 이론적 연계성: 새로운 분야 아니면 새로운 시각?.「정부학연구」14(4):321-346.

18) '스타트업'(startup)은 실리콘밸리에서는 혁신적 창업기업을 의미하며, EU에서는 ① 설립된 지 10년 이내이고 ② 상품, 서비스 혹은 사업모델이 혁신 기반이며, ③ 종업원을 늘리거나 매출을 증대하고자 하는 기업을 의미(서대훈. 2019. 주요국의 스타트업(Startup) 지원방식과 시사점.「KDB 이슈분석」제761호. 한국산업은행.).

19) 이혁우(2013. 중소기업 지원정책에서 교환에 대한 이해의 필요성: 중소기업 고유업종 정책을 중심으로.「사회과학연구」24(1). 충남대학교. 331-354.)는 중소기업 고유업종제도의 실패사례 분석을 통해, 시장에서의 경쟁과 소비자의 선택, 교환 가치의 중요성 인식을 강조한 바 있다.

20) 김진수·황인호. 2022. 혁신 창업생태계 조성을 위한 과제. 「SGI 지속성장리포트」 제2022-06호. 대한상공회의소

21) 노화준. 2017. 『정책분석론』(제5판). 박영사:51-52.

22) 노화준. 2007. ibid. :151.

23) 김영록. 2019. 『변종의 늑대』. 샘앤파커스. p.169

24) 정광호. 2020. 중소기업정책 변천과정 고찰. 서울대학교 행정대학원 편. 『한국행정의 역사적 분석(1985-2018)』. 하권. 진인진 :419.

25) e나라지표와 기획재정부의 연도별 예산서 참조. 1990년-2004년은 통합재정(결산) 기준, 2005년부터는 총지출(예산, 추경 제외) 기준.

26) 2021년도 중소기업 지원 예산(33조8,485억 원)은 중소벤처기업부 예산을 포함하여 중앙부처와 지방정부의 중소기업 지원 예산을 모두 포함한 것임

27) 중소벤처기업연구원. 2021. 『2021 중소기업 지원사업분석』. p.7.

28) 장우현 외, 2014. 『중소기업 지원정책의 개선방안에 관한 연구(2)』. KDI:65.

29) 장우현 외, 2013. 『중소기업 지원정책의 개선방안에 관한 연구(1)』. KDI:120.

30) 나성현·김민식. 2015. 『정부 창업지원 사업의 효과성 제고 방안 연구』. 정보통신정책연구원. pp. 104-133.

31) 이미순. 2021. 『중소기업 정책평가와 향후 과제: 창업벤처분야』. 정책연구 21-29. 중소벤처기업연구원.

32) 박준호. 2023. 좀비기업과 구조조정. 「금융연구」 37(2):101-131

33) 1982년부터 2022년까지 8개 정부가 있었지만, 노태우 정부는 창업벤처 관련 새로운 정책이나 법령의 제정이 없었기에 전두환·노태우 정부를 하나로 묶었음.

34) Van Geet, M., Lenferink, S., & Leendertse, W. 2019. Policy design dynamics: fitting goals and instruments in transport infrastructure planning in the Netherlands. Policy Design and Practice, 2:324-358.

35) 한국경제60년사편찬위원회. 2010. 『한국경제 60년사』. 한국개발연구원 :36-37.

36) 남덕우 외. 2003. 『80년대 경제개혁과 김재익 수석』. 삼성경제연구소.

37) (상공부,1985:133)은 상공부 발행, 『1985년도 중소기업연차보고서』, 133쪽을 의미. 또한, (중기청, 2010: 125)는 중기청 발행, 『2010년도 중소기업연차보고서』, 125쪽을 의미함. 본문에서 자주 등장하는 위 인용 표시는 위와 같이 해석하기 바람.

38) 중소기업진흥공단. 1999. 『중소기업진흥공단 20년사』: 460-461.

39) 당시 상공부 중소기업국장 김경만(1986)에 따르면, "정부·여당의 중소기업육성대책의 일환으로 입법이 확정된" 획기적 제정 법안이었지만, 1985년 12월 의원입법(우병규 의원)으로 제안되어, 1986년 4월(122일) 통과된 것을 보면, 투자회사, 투자조합 등의 법 조항으로 상공부와 재무부 간에 이견이 적지 않았던 것으로 짐작된다.

40) 김경만. 1986. 중소기업창업지원법 해설. 「중소기업진흥」 7(3). 중소기업진흥공단.

41) '1국 5과'의 조직이 '1관 5국 26과 4개 지방청 7개 지방사무소'의 차관급 조직으로 확대됨(통상산업부-중소기업청, '1996년도 중소기업에 관한 연차보고서', p.62)

42) 1993년 3월 19일 발표된 '대통령 특별 담화문' 中 일부.

43) 중소벤처기업연구원. 2022. 『중소기업정책 60년사』(제3권):261

44) 매일경제신문, '벤처기업協 출범', 1995.12.4.일자 기사.

45) 법 제2조의2(벤처기업의 요건)에 따르면, 벤처기업은 5천만 원 이상(자본금의 10% 이상) 투자를 받은 기업, 기술의 혁신성과 사업의 성장성이 우수한 것으로 평가받은 기업, 연구조직을 보유한 기업으로서 연구개발비가 5천만원 이상(매출액의 5% 이상)이고, 성장성이 우수한 것으로 평가받은 기업 등이다.

46) "1996년 3월 열린 벤처포럼에서 '벤처 활성화를 위한 코스닥 설립'을 공식 제안. '나스닥'은 고위험·고수익을 추구하는 별개의 시장, 한국에도 이러한 역할을 할 코스닥이 벤처발전을 위해 절대적으로 필요하다고 제안. 그 노력이 결실을 맺어 1996년 7월 1일 KOSDAQ (Korea Securities Dealers Automated Quotation) 설립."(벤처기업협회, 2015:46-47)

47) 송종호 前 중기청장 인터뷰(벤처기업협회, 2015:91)

48) "세계 최초의 M&A 거래소인 기술거래소는 M&A 관련 제도의 미비로 제대로 운영되지 못하고 기술진흥원으로 합병되면서 지금까지 한국 벤처생태계의 '잃어버린 연결고리'가 되고 있다"(이민화·최선, 2015:156).

49) '중소기업에 관한 연차보고서'(1998; 2002; 2003) 참고

50) 최영진 기자, '벤처 30년 사건과 인물들(5) 벤처 시련기'(포브스(joins.com)

51) "벤처확인제도 변경 및 엔젤투자 세액 공제 축소, 적자기업의 상장 금지, 코스닥과 코스피 통합, 스톡옵션제 규제 강화, 기술거래소 통폐합 등 '벤처 건전화 정책'은 이후 벤처생태계의 재기 원동력을 상실케 했다."(이민화·최선, 2015:171)

52) 2003년 6월 25일 부처 합동으로 '중소기업정책 개편방안'을 발표함

53) 노무현 정부의 정책 브랜드인 '혁신형 중소기업'을 집중 육성하고, 경쟁력을 강화하기 위한 장단기 종합대책('7·7 중소기업 정책')을 발표한 바 있다.

54) 중소벤처기업연구원. ibid. (3권):266

55) '기술창업'의 정의는 김진수 외. 2019. 『기술창업론』. 도서출판 홍릉. 참고

56) '1인 창조기업 육성에 관한 법률' 제2조, 동법 시행령 제2조

57) 전자신문, 2020.8.18.일자 기사, (후속투자 10배 받고 M&A까지…창업생태계 바꾼 '팁스' – 전자신문 (etnews.com)

58) 세계은행의 창업환경 평가 점수(순위)를 보면, 2016년과 2017년에 각각 91.9점(30위), 93.4점(22위)으로, 이명박 정부(2012년, 88.7점(35위))보다 좋았다.

59) 신설법인은 7.5만개('12년)에서 10.2만개('18년), 12.6만개('21년)로 증가.

60) 정태호 의원이 대표 발의한 '중소기업창업지원법' 전부 개정안 제1조(목적)는 "국민 누구나 … 기업가정신을 발휘하여 창업에 도전하고 글로벌 선도기업으로 성장할 수 있는 창업생태계를 조성하여, 디지털경제 시대에 새로운 국가경제의 성장동력과 일자리를 창출하는 창업국가 건설을 목적으로 한다."로 되어 있음.

61) 김만수·강재원(2021), p.49

62) 강근복 譯. 1990. 『문제정의와 정책분석』. 대광문화사. 원저: Dery, David. 1984. *Problem Definition in Policy Analysis*. Lawrence, Kansas: The University Press of Kansas.

63) 1980년10월27일 시행된 제8차 개정 헌법 제124조 제2항("국가는 중소기업의 사업활동을 보호·육성하여야 한다.")

64) "중소기업은 활력있는 다수의 역할을 십분 발휘하지 못하여 고용흡수 면에서나 생산기여 면 그리고 수출기여 비중 등이 미흡한 실정에 놓여 있다. 이와 같은 문제점들은 중소기업육성의 필연성을 제고시켰고, 중소기업의 장기적 육성을 필요하게 되었다."(상공부, 1982: 128)

65) "이제는 20대 재벌기업을 지원하는 정책을 앙심먹고 철수하려고 한다. 그 1천5백 배에 달하는 3만여 개의 중소기업이 뛰놀 마당을 만들어야 한다."(손광식, '한 경제전략가에 대한 회상', p.221 (남덕우 외 (2003)))

66) 1986년 7월 19일 처음 제정된 '중소기업창업지원법 시행령' 제3조

67) 중소기업창업지원법 시행령에 12개 유형을 예시. (1)공업기반기술개발사업의 성과를 기업화, (2)창업조성실시계획의 승인을 얻은 사업, (3)신기술기업화를 위한 사업, (4)지정계열화품목, (5)과학기술처장관이 인정하는 신기술 및 국내개발이 필요하다고 인정되는 기술, (6)해외기술도입계약에 의하여 도입된 기술, (7)정부출연연구소 또는 대학에서 개발한 기술, (8)특허나 실용신안을 받은 아이템, (9)기술개발촉진과 부품·소재의 수입대체에 필요한 품목 등 12개 유형.

68) 현재는 대부분 법령에 지원대상이 '7년 이내의 기업'으로 되어 있음.

69) "競爭力있는 새로운 中小企業의 創出을 促進시키기 위하여 創業關聯 節次를 劃期的으로 簡素化할 수 있는 制度的 장치를 마련하고 創業支援基金의 設置, 中小企業投資會社의 育成등 創業과 關聯된 政府의 各種 支援策을 强化함으로써 中企業의 發展을 통한 健全한 産業構造를 構築하고자 함."

70) 주요 내용이 '여신전문금융업법'으로 이관된 후 2001년에 법률의 명칭이 '기술보증기금법'으로 변경됨.

71) 1995년 말의 벤처기업협회 창립 총회에 당시 상공부 차관보 등 고위 관료들도 참석했다(최영진 기자, '벤처 30년 사건과 인물들'(포브스(joins.com))

72) 이민화·김명수. 2000. 『한국벤처산업발전사』. 김영사: 50-53

73) 산업자원부, '1998년 산업자원부 주요 업무보고', 1998. 3. 19

74) 국가기록원, '제15대 대통령 취임사'

75) 정혁준 기자, 'IMF 졸업했지만 IMF 체질화', (한겨레21, '김대중 전 대통령 추모 통권 특별기획', 제775호, 2009.8.28.)

76) 국가기록원, '제16대 대통령 취임사'

77) 이정우, '참여정부 천일야화, 17화, 저기압 업무보고'(한겨레, 2023.5.29.)

78) 이정우, '참여정부 천일야화, 17화, 저기압 업무보고' (한겨레, 2023.5.29.)

79) 세계은행(World Bank)의 경영환경(Doing Business) 평가에서 창업분야 점수와 순위가 2007년 각각 61.6점(102위)에서 2012년 각각 88.7점(35위)로 상승했다.

80) 관계부처 합동, '청년창업과 재도전 촉진 방안', 2012.5.16

81) 벤처 M&A의 부진은 투자자와 벤처기업의 정보 비대칭성이 원인으로 지적되는데, 공적 성격이 가미된 '중소기업 M&A 센터'의 지정은 마치 발등이 가렵다는데 신발을 긁어주는 격이었다.

82) 관계부처 합동, '박근혜 정부 국정과제', 2013.5.28

83) 벤처 CEO 출신 전하진 의원은 2013년 6월의 법률 개정안의 '제안이유서'에 "벤처투자 및 회수 과정에서의 불공정행위와 대주주에 의한 불법행위로 인해 창업투자회사에 대한 부정적 인식이 확산될 우려가 있으므로 이를 방지하기 위해 위법투자에 대한 제재 강화, 대주주 견제장치 확보 등이 필요"하다고 했음.

84) 전임 박근혜 대통령의 탄핵(2017년 3월)에 따른 보궐선거로, 60일의 인수인계 기간도 없이, 바로 취임해야 했던 사정으로 인해 그랬을 것이다.

85) 국정기획자문위원회, '문재인 정부 국정운영 5개년 계획', 2017.7.

86) 중소벤처기업부. 2022.『국민과 함께한 중소벤처기업부 출범 5주년 백서』

87) 물고기(현금) 지급이 남아프리카의 빈곤 개선에 기여했다는 퍼거슨의 연구(Ferguson, J. 2015. *Give a Man a Fish*. Duke University Press(조문영 역. 2017. 『분배정치의 시대』. 여문책))가 있지만, 이 책의 물고기는 '정책수단'을 의미한다.

88) 가까이서 봤을 때는 코끼리 다리처럼 보였는데, 조금 떨어져서 보니 사실은 바오밥 나무의 줄기였다는 걸 새롭게 알게 될 수도 있다.

89) Hood(1986)는 소진가능성이 높은 재정(T형)과 조직(O형)을 석탄, 석유 같은 화석 에너지에, 소진가능성이 낮은 정보(N형)과 권위(A형)을 재생가능 에너지에 비유했다(Hood, C. 1986. The Tools of Government. New Jersey: Chatham House).

90) Hood. 1986. ibid. :155-163

91) 한국기술개발㈜, 한국개발투자㈜, 한국기술진흥㈜, 한국기술금융㈜ 등 4사

92) 정책수단 유형에 관한 자세한 소개는 필자의 논문(김동열(2024))을 참고

93) 정부가 발의한 '신기술지식집약형기업육성에관한특별조치법'('97.6.24)이 국회로 이관되자, 김경재 의원 등이 '중소신기술기업육성에관한특별조치법'('97.7.8)을 유사한 내용으로 발의했고, 손세일 통상산업위원장 대안으로 병합하여 '벤처기업육성에관한특별조치법'이 발의('97.7.28)되었고 바로 통과('97.7.30)됨.

94) 중소기업창업지원법이나 벤처기업육성특별법에 속하는 정책수단은 아니지만 '코스닥 시장' 개설, '스톡옵션' 허용은 김영삼 정부의 성과로 항상 거론된다.

95) 모태펀드는 노무현 정부 시기에 처음 도입되었으며, 흔히 '투자조합의 투자조합', 'fund of funds'라고 불린다.

96) 2004년 7월 발표한 '중소기업 경쟁력 강화 종합대책'에 포함됨

97) 초대 중기청장을 교수 출신(한정화 교수)으로 임명했고, TIPS, 액셀러레이터, 1인 창조기업 등 수요자 중심의 선순환 창업생태계 조성에 기여함. 두 번째 중기청장도 기업인 출신을 임명. 임기 내내 비관료 출신을 임명한 것도 특징적임.

98) '중소기업창업지원법 일부개정 법률안'(전하진 국회의원)의 제안 이유를 보면 "최근 이슈가 되고 있는 벤처투자 및 회수 과정에서의 불공정행위와 대주주에 의한 불법행위로 창업투자회사에 대한 부정적 인식이 확산될 우려가 있으므로..."라고 되어 있음('국회 의안정보시스템(http://likms.assembly.go.kr/bill/main.do)')

99) Cerny, et a.l, 2005; Vogel, 1996; 하연섭, 2011:295에서 재인용

100) 김동열. 2024. 정책수단의 선택과 변화: 창업벤처 40년 정책과 법률안 변천을 중심으로. 서울대 행정대학원 박사학위논문.

101) 전영한·이경희. 2010. 정책수단 연구:기원, 전개, 그리고 미래. 「행정논총」 48(2):91-118.

102) Peters, G. 2002. The Politics of Tool Choice. In Salamon,L.M.(ed.).The Tools of Government:A Guide to the New Governance (pp.552-564). New York: Oxford University Press.

103) Kingdon, J. 1995. Agendas, Alternatives, and Public Policy (2nd ed.). New York: Harper and Collins College Publisher.

104) Kingdon. 1995. ibid. p.154.

105) 유훈. 2001. 정책변동과 정책활동가. 행정논총, 39(1):23-42에서는 'policy entrepreneur'를 '정책활동가'로 번역한 바 있음.

106) Mintrom, M. 2020. Policy Entrepreneurs and Dynamic Change. Cambridge University Press.

107) Mintrom. 2020. ibid.

108) Peters. 2002. ibid.

109) 장현주. 2017. 한국의 정책변동과정에서 나타난 정책선도가의 유형, 역할과 전략은 무엇인가? : Kingdon의 다중흐름모형에 대한 메타분석. 「한국정책학회보」 26(2)

110) 중소기업청(2002.11.22)의 보도자료("벤처기업 재도약 방안 수립") 참고

111) 중소벤처기업연구원(2022)의 『중소기업정책 60년사』 제5권 부록 (pp. 113-119) 참고

112) Wilson, James Q. 1989. *Bureaucracy: what government agencies do and why they do it*. NY: Basic Books

113) 대표적으로 조진희(2019) 등. 조진희. 2019. 정강 정책으로 본 대한민국 정당 이념지도 1988-2003. 「의정논총」 14(1): 5-27.

114) 대표적으로 하연섭(2006) 등. 하연섭. 2006. 정책 아이디어와 제도변화: 우리나라에서 신자유주의의 해석과 적용을 중심으로. 「행정논총」 44(4):1-27

115) 그러나 김권식(2013)은 이념 변수(산업화-민주화, 보수-진보)가 보건의료 정책수단 선택에 영향을 미치고 있으며, 민주화 이후일수록, 그리고 진보적 정당일수록 규제완화형 수단을 더 선택함을 보여준 바 있다.

116) 민인식·최필선. 2009. 『STATA : 기초통계와 회귀분석』. 서울: 한국STATA학회. 161-162의 상호작용 변수의 더미변수화 과정을 참고.

117) Aghion, P., et al. *2020. Le Pouvoir de La Destruction Creatrice*. Paris: Editions Odile Jacob(이민주 譯. 2022. 『창조적 파괴의 힘: 혁신과 성장 그리고 자본주의의 미래』. 서울:에코리브르.)

118) 대한민국 정책브리핑 (https://www.korea.kr/special/policyCurationView.do?newsId=148865474)

119) 경상북도 SNS 서포터즈. "소나무 원시림 여행 울진 금강송 군락지" (https://blog.naver.com/gyeongbuk_official/223468768842)

120) 하연섭. 2011. 『제도분석: 이론과 쟁점』(개정판). 다산출판사

121) Friedman & Friedman. 1980. ibid. pp.309-310.

122) 고승의 譯. 2008. 『시장경제의 미래』. 앤트출판. 원저: Rajan, R.G & Zingales, L. 2003. *Saving Capitalism from the Capitalists: unleashing the power of capital markets to create wealth and spread opportunity*. New York: Crown Business.

물고기 던져주기
- 창업벤처 40년 톺아보기 -

지은이_ 김동열

발행일_ 2024년 10월 1일

편집기획_ 반도기획출판사 02-2272-4464

ISBN 979-11-988237-1-7 | 경제경영

값 15,000원

※ 이 책은 저작권 보호를 받는 제작물이므로 발행처의 허락없이
무단복제를 할 수 없습니다.